La rétrogradation

Développer votre endurance

DAG HEWARD-MILLS

Parchment House

Sauf indication contraire, toutes les citations sont tirées de la version Louis Segond de la Bible (1910).

Copyright © 2010 Dag Heward-Mills

Titre original : *Backsliding*
Publié pour la première fois en 1998
par Parchment House

Traduit par : Professional Translations, Inc.

Version française publié pour la première fois en 2010
Cinquième impression en 2015

Pour savoir plus sur Dag Heward-Mills
Campagne Jésus qui guérit
Écrivez à : evangelist@daghewardmills.org
Site web : www.daghewardmills.org
Facebook : Dag Heward-Mills
Twitter : @EvangelistDag

Dédicace

À
Ma grande soeur, *Beatrix Ayache*
Merci pour ton soutien pendant toutes ces années.

ISBN : 978-9988-8491-8-4

Tous droits de traduction, de reproduction et d'adaptation réservés pour tous pays. À l'exception des analyses et citations courtes, toute exploitation ou reproduction même partielle de cet ouvrage est interdite sans l'autorisation écrite de l'auteur.

Table de matières

1. Qu'est-ce que la rétrogradation ? 1
2. Descriptions bibliques de la rétrogradation 3
3. Principales causes de rétrogradation 14
4. La psychologie de la rétrogradation 31
5. Les symptômes de la rétrogradation 41
6. Autres symptômes 57
7. Encore d'autres symptômes 71
8. Mon dernier argument 85

Chapitre 1

Qu'est-ce que la rétrogradation ?

Dieu suscita la venue du prophète Jérémie à un moment où Israël et Juda étaient sur le point d'être emmenés en captivité à Babylone. Il se servit de Jérémie pour montrer aux gens d'Israël *l'état de rétrogradation de leurs cœurs.*

Jérémie, pourquoi pleures-tu ?

Le livre de Jérémie donne plusieurs descriptions vivantes de l'état de rétrogradation. La plupart des messages de Jérémie, également surnommé « le prophète en pleurs », étaient centrés sur le thème de *la rétrogradation*. Il était souvent en « guerre » avec le peuple d'Israël, l'avertissant constamment de se repentir et de changer ses mauvaises voies. Le prophète en pleurs était préoccupé par l'attitude fantasque de son peuple. Il les a exhortés à plusieurs reprises : « Détournez-vous de vos voies mauvaises. Arrêtez de faire le mal ! Repentez-vous et revenez à Dieu ».

Il a essayé de leur montrer de différentes manières ce que la rétrogradation signifiait. Pourtant, le peuple d'Israël et de Juda refusa de changer.

Il y a de nombreuses années, j'ai appris par expérience que la rétrogradation peut être comparée au fait de marcher sur une route sans panneaux de signalisation. Dans notre marche chrétienne, il n'y a pas de panneaux de signalisation pour vous avertir que vous êtes en train de rétrograder. Il n'y a aucun signe indiquant : ENFER ET DÉSTRUCTION – à 200 MÈTRES. Ce genre de signe n'existe pas, tout simplement ! **La rétrogradation arrive progressivement, jusqu'à ce que vous soyez attirés là où vous ne vous y attendiez jamais. Doucement mais sûrement, vous RÉTROGRADEZ.**

La rétrogradation est réelle et peut être analysée en étudiant les différentes formes de rétrogradation décrites par Jérémie. Le prophète utilisait des situations réelles pour décrire ce phénomène spirituel très courant. C'est un phénomène fréquent dans le monde chrétien. La Bible dit :

…beaucoup sont appelés, mais peu sont choisis.

Matthieu 20 :16

En d'autres termes, beaucoup commencent avec Christ, mais beaucoup aussi rétrogradent. La Bible dit aussi :

…celui qui endure JUSQU'À LA FIN, sera sauvé.

Matthieu 10 :22

Beaucoup de ceux qui viennent au Christ rétrogradent plus tard.

Même VOUS, vous pouvez rétrograder !

Certains peuvent mépriser ce sujet et dire : « Je ne me vois pas rétrograder ». Cette attitude-même montre que vous êtes sujets à une rétrogradation. La Bible met en garde dans 1 Corinthiens 10 :12 : **« C'est pourquoi, que celui qui pense qu'il se tient debout, prenne garde de peur qu'il ne TOMBE ».**

Ce livre vous aidera à développer l'endurance pour la course chrétienne. **Plus vous en savez, plus vous serez en sécurité - et plus vous aurez d'endurance.** La Bible dit :

…car nous n'ignorons pas ses machinations.

2 Corinthiens 2 :11

L'enseignement que présente ce livre chassera le fléau de l'ignorance. **Rappelez-vous que ceux qui ne lisent pas ne sont pas meilleurs que ceux qui ne savent pas lire.** En d'autres termes, ceux qui refusent de chercher la connaissance ne sont pas meilleurs que ceux qui n'ont réellement pas la capacité de le faire.

Dans le chapitre suivant, je vais vous montrer différentes façons dont vous pouvez considérer la rétrogradation.

Chapitre 2

Descriptions bibliques de la rétrogradation

Échanger des sources contre DES FOSSES FÊLÉES

...ils m'ont abandonné, moi qui suis la source d'eaux vives, pour se creuser des fosses, des fosses fêlées qui ne retiennent pas l'eau.

Jérémie 2 :13

Quand j'étais étudiant en médecine, je fus envoyé en visite de travail à Danfa, un village du Ghana, pour deux semaines. Une fois, lors d'une visite sur le terrain, nous nous sommes trouvés dans un autre village isolé qui n'avait pas d'eau courante. Puisque le village n'avait pas d'eau courante, ils avaient creusé un grand trou dans le sol où l'eau était recueillie ; souvent, cette eau était sale et brunâtre.

Ils buvaient l'eau sale et brunâtre !

Les gens du village s'y baignaient, y déféquaient et y urinaient. En même temps, ils buvaient cette eau et l'utilisaient pour cuisiner. Cette eau leur causait évidemment divers maux et maladies.

Dans la Bible, ceux qui rétrogradent sont comparés à des personnes qui ont accès à de l'eau courante claire, mais qui l'échangent pour de l'eau malodorante et sale - tout comme ce que je vis dans ce village.

Je suis sûr que vous allez vous demander pourquoi quelqu'un délaisserait de l'eau douce, fraîche, sans risque d'infection, au profit d'une eau sale infestée de maladies. Il y a des croyants qui ont eu accès à une vie de sainteté et de piété. Toutefois, ils l'ont rejetée pour vivre une vie de péché contrôlée par les démons.

Dieu vous a donné une alternative à l'eau sale et brunâtre. Dieu vous dit que lorsque vous rétrogradez, vous retournez à quelque chose de terrible qui finira par vous tuer. Il vous dit de ne pas faire quelque chose d'aussi absurde que de boire à nouveau de cette eau boueuse.

Devenir une vigne sauvage dégénérée

…comment donc t'es-tu détournée de moi en sarments dégénérés de vigne étrangère… ?

Jérémie 2 :21

La description suivante que la Bible donne de la rétrogradation est celle d'une bonne plante qui a dégénéré en vigne épineuse et étrangère.

Ici, Dieu nous montre comment la plantation d'un agriculteur, dont il attendait un bon rendement, était devenue un champ d'épines et de mauvaises herbes inutiles. Vous, les croyants, vous êtes cette belle plante du Seigneur. Pourquoi donc voudriez-vous vous laisser dégénérer au point de devenir un buisson épineux et sans valeur ? C'est ainsi que Dieu vous voit quand vous rétrogradez.

Le problème de Dieu avec Israël était qu'Il avait investi tant d'amour, de soins, de tendresse et de temps dans leurs vies. Pourtant, ils étaient devenus des gens méchants, désobéissants et au cœur dur. Vous laisserez-vous devenir une créature sans valeur devant Dieu ? La réponse devrait être un « non » ferme !

Devenir un chameau sauvage

…tu es un dromadaire rapide, entrecroisant ses chemins.

Jérémie 2 :23

Un chrétien qui rétrograde est également décrit comme *un dromadaire rapide, entrecroisant ses chemins*. Un dromadaire est un autre nom du chameau. C'est une créature sauvage et rapide, qui erre n'importe où.

Le cœur de quelqu'un qui rétrograde est aussi effréné qu'un chameau sauvage. Rien ne le contrôle. Il est débridé et sauvage. Je me souviens il y a quelques années, je suis allé à Londres rendre visite à un chrétien qui avait rétrogradé.

Mon ami était devenu sauvage

Les mots les plus justes pour décrire cette personne seraient : *débridé et sauvage*. J'essayais de le ramener au Seigneur. Il me fallut beaucoup de temps pour trouver sa maison. Je suis finalement arrivé à son appartement après minuit. Il fut surpris de me voir et me reçut dans sa maison. Alors qu'on commença à parler, il comprit pourquoi j'étais venu. Étant jadis un chrétien mûr qui avait rétrogradé, il connaissait toutes les Écritures que j'avais l'intention de citer.

Donc à un moment donné, il m'interrompit et dit : « Écoutez, je sais ce que vous allez dire, et je connais tous les versets de la Bible dont vous êtes armé ce soir. Mais je veux que vous sachiez que cela m'importe peu ».

Il prit donc une cigarette et se mit à fumer juste devant moi. Il dit : « Je veux que vous me voyiez fumer. Parce que je ne suis l'objet d'aucune restriction ».

Puis il sortit un album et me montra des photos qu'il avait prises avec sa petite amie. Certaines de ces photos étaient très suggestives et obscènes.

Il me dit : « Je veux que vous me voyiez tel que je suis vraiment. C'est ainsi que je suis maintenant. C'est ce que je fais. Et personne ne peut rien y changer ! »

Une fois encore, il faisait remarquer qu'il pouvait faire tout ce qu'il voulait, et que personne ne pouvait le contrôler. **Vous voyez, ceux qui rétrogradent sont comme des chameaux sauvages qui n'ont plus ni restrictions ni limites.** Votre vie chrétienne est censée être régie par la Parole de Dieu.

Quand quelqu'un rétrograde, il commence à faire ce qu'il veut faire, et non ce que Dieu veut qu'il fasse. Il est comme un animal sauvage sans freins ni contrôles. La Parole de Dieu nous donne des lignes directrices qui sont pour notre propre bien, mais celui qui rétrograde choisit de vivre en dehors de la loi de Dieu. Quel dommage !

Devenir un âne sauvage

Ânesse sauvage, accoutumée au désert, qui hume le vent à son plaisir ; qui pourrait la détourner dans sa course...

Jérémie 2 :24

Je préfère la traduction de Berkeley de ce verset, qui dit :

Comme une ânesse sauvage habituée au désert, dans la chaleur de sa passion elle hume le vent : au temps de son accouplement, qui peut détourner son désir ?

Jérémie 2 :24

Beaucoup de ceux qui rétrogradent sont comme des animaux sauvages échauffés par la passion à la recherche d'un partenaire. La Bible amplifiée contient la traduction suivante : **Aucun mâle la cherchant n'a besoin de se fatiguer ; dans son mois, ils la trouveront en train de les rechercher.**

Elle me dit : « Je n'ai pas de temps pour vous ! »

Je me souviens une fois être allé en visite à la recherche d'une sœur qui avait rétrogradé. J'y suis allé avec un de mes bons amis, avec qui je faisais du travail pastoral. Quand nous sommes arrivés à la maison de cette sœur qui avait rétrogradé, je lui dis que nous étions venus pour voir comment elle allait dans le Seigneur. Sa maison était dans une partie de la ville que je ne connaissais pas très bien, et cela nous avait pris environ trois heures pour trouver la maison.

Quand nous y sommes arrivés, elle me regarda avec un visage impossible et dit : « Je ne peux pas vous parler maintenant parce que je suis en train de cuisiner ».

Alors je dis : « Nous avons parcouru un long chemin pour vous voir, et vous ne nous offrez même pas un siège ? »

Elle insista qu'elle n'avait pas de temps pour nous. Donc après avoir marmonné en hâte une exhortation à rester avec le Seigneur, nous sommes partis à toute vitesse. Cette jeune fille, qui n'avait pas de temps pour nous, trouva le temps pour un garçon non croyant qui la 'poursuivait'. Elle n'avait pas le temps pour les frères chrétiens qui voulaient l'aider dans sa vie spirituelle. Mais le petit ami non croyant pouvait venir la voir sans problème.

La traduction Moffatt de la Bible va plus loin : « **Aucun mâle n'a besoin de se soucier de la chercher ; tous peuvent la trouver à la saison de l'accouplement** ».

Lorsque vous devenez un chrétien qui rétrograde, la Bible dit que vous devenez la proie des non croyants. Les non croyants peuvent facilement vous entraîner au péché.

Montrez-moi un chrétien qui rétrograde, et je vous montrerai une proie facile du diable et de ses cohortes.

Satan capitalise sur les passions charnelles de ceux qui rétrogradent, et il a peu de problèmes pour en finir avec eux.

Une dame qui oublie ses ornements

Une jeune fille peut-elle OUBLIER ses ORNEMENTS... toutefois mon peuple m'a oublié...

Jérémie 2 :32

Selon Jérémie, celui qui rétrograde est comme une femme qui oublie de mettre ses *ornements*.

Beaucoup de femmes sont attachées à leurs boucles d'oreilles, leurs colliers et leur maquillage. Certaines n'apparaîtront jamais en public sans se parer de ces accessoires. (Malheureusement, beaucoup de femmes substituent la beauté extérieure à la beauté intérieure. Elles n'ont pas le temps de prier, ou elles lisent leur Bible mais passent beaucoup de temps à se parer tous les jours de toutes sortes d'ornements !)

Je dois dire que j'ai rarement vu une femme qui ne soit pas attachée à ses bijoux. **Dieu compare la personne qui rétrograde à une jeune femme qui a oublié de s'embellir avec ses nombreuses robes, ses chaussures, ses colliers, ses boucles d'oreilles, son mascara et le reste. Comme c'est insolite !**

Jérémie s'est rendu compte que ces choses faisaient partie intégrante de toute femme normale, et que les femmes étaient très attachées à ces attributs.

Il a comparé ce lien entre une femme et ses accessoires ornementaux à la relation qui existe entre un croyant et Dieu.

Dieu décrit l'acte de rétrograder comme une femme oubliant ses ornements.

En d'autres termes, rétrograder et s'éloigner de Dieu est quelque chose de très inhabituel. Cela peut ne pas sembler inhabituel dans le naturel, mais à la vue de Dieu et des anges, c'est en fait un phénomène très étrange.

Certains me rappellent la même chose. Avant, ils avaient l'habitude de chanter, de louer, d'adorer et même d'entraîner d'autres chrétiens.

Aujourd'hui, ils ne sont que des chrétiens nominaux

Aujourd'hui, ils ne sont que des chrétiens nominaux. Une chose dont je suis certain, c'est que certains chrétiens ne savent même pas qu'ils ont rétrogradé.

Si un dirigeant chrétien charismatique et dynamique devient dans la société un individu ordinaire n'ayant conservé que des principes nominaux, il doit comprendre qu'il a rétrogradé. Il se peut que les gens le voient comme quelqu'un de bien, mais à la vue de Dieu, il a chuté de la position élevée dans laquelle il se trouvait auparavant – conduisant les gens au Seigneur, les exhortant, partageant la Parole, leur imposant les mains et ainsi de suite.

Une personne me vient à l'esprit à chaque fois que je pense à ce passage scripturaire. C'était une chrétienne vigoureuse, qui témoignait et portait du fruit.

« Oh Pasteur, nous allons toujours à l'église »

De temps en temps, quand je la vois, je demande : « Comment va votre vie chrétienne ? »

Elle sourit et dit : « Oh Pasteur, nous allons toujours à l'église ».

Tout ce que je peux dire pour elle, c'est que c'est une personne bonne et morale, qui ne nuit en rien à personne. **Mais son christianisme allait auparavant plus loin que ça !** Est-ce qu'une personne qui était tellement attachée à l'expérience chrétienne active et fructueuse peut se séparer de cet état si facilement ? Je me demande ce que pense la nuée céleste de témoins quand ils voient cela arriver. Jérémie ne pourrait le décrire que d'une façon – une femme séparée de ses ornements.

Une mariée qui oublie sa ROBE DE MARIÉE

Une jeune fille peut-elle oublier ses ornements, ou une MARIÉE ses ATOURS...

Jérémie 2 :32

Beaucoup de mariées sont amoureuses de leur robe de mariée. Avant le jour du mariage, elles la pendent dans leur garde-robe pour s'assurer qu'elle ne se tache pas. Souvent, la robe est prête à l'avance pour le grand jour (et quelques robes coûtent plus cher qu'une année de salaire !).

La robe de mariée est portée pendant seulement quelques heures, mais la mariée n'épargne aucune dépense quand elle l'achète. Beaucoup de femmes sont ravies d'être la mariée – la star de la journée, la plus belle femme de la journée, la princesse du moment. Elle s'avance vers l'autel dans toute sa splendeur !

Aucune femme n'oublie sa robe de mariée !

Dieu dit que quand vous vous éloignez du Christ, vous êtes comme une mariée qui a oublié de porter sa robe de mariée le jour de son mariage. Je pense que si cela arrivait un jour, cela entrerait dans le livre « Guinness des Records » ! Si quelqu'un lisant ceci a jamais entendu parler d'une mariée allant à son mariage et qui a oublié de mettre sa robe de mariée, s'il vous plaît écrivez-moi immédiatement !

C'est pourquoi Dieu est si horrifié quand les chrétiens oublient leur Dieu et rétrogradent. C'est tout simplement invraisemblable, inconcevable, et au-delà de toute croyance. La Bible affirme que la mariée ne peut pas être séparée de sa robe de mariée. Non ! Et c'est pourquoi Dieu était horrifié quand vous avez manifesté les premiers signes de rétrogradation.

Une femme se prostituant

...toi qui t'es PROSTITUÉE à beaucoup d'amants...

Jérémie 3 :1

Dieu compare celui qui rétrograde à une femme mariée à l'homme de ses rêves, mais qui décide de poursuivre d'autres hommes. Elle saute par-dessus le mur dans la nuit, laisse son cher prince charmant bien-aimé dans son lit, et va en quête de « sang frais ».

Je sais que beaucoup de gens trouvent le métier de prostituée horrible et répugnant. Ils ne peuvent pas imaginer comment on peut abuser de son corps pour gagner sa vie.

Je me souviens d'une belle femme qui avait un mari respectable. Après quelques années de mariage, cette femme commença d'avoir des aventures avec d'autres hommes. Elle sautait par-dessus le mur et s'enfuyait la nuit, lorsque son noble mari était endormi.

Pouvez-vous imaginer cela ?

Mais permettez-moi de vous demander quelque chose d'autre. Si votre femme vous a non seulement quitté, mais est sortie dans la rue pour se prostituer, est-ce que ce ne serait pas pire encore ? Qu'est-ce que cela vous ferait de passer par le « quartier chaud » et de découvrir que votre femme est occupée à se vendre ?

Vous seriez brisé !

C'est exactement ce que Dieu ressent quand Il voit les enfants qu'Il aime tant sortir ainsi dans le monde et se vendre aux œuvres de Satan. Quelle tristesse !

Manger votre propre vomi

Comme un chien retourne à ce qu'il a vomi, ainsi l'insensé répète sa folie.

Proverbes 26 :11

Quand il s'agit de nourriture, je suis très difficile. Ma mère me servait toujours de la nourriture très chaude, alors je n'ai pas l'habitude de manger de la nourriture qui ne soit pas très chaude. J'ai décidé de ne pas manger ce que je ne veux pas manger.

Je me souviens une fois au cours d'une visite en Extrême-Orient, j'étais assis à table avec des dignitaires.

Je dois admettre que ce fut une expérience très difficile pour moi d'avoir à avaler quelques morceaux de ce qui ressemblait à des anguilles, des serpents, des palourdes et ainsi de suite.

Dieu sait combien il est difficile pour nous de manger des choses que nous n'aimons pas. Pour la plupart d'entre nous, nous ne mangerions rien, tout simplement, même si nous étions affamés. Par exemple, votre propre vomi.

Je me souviens d'un jour en particulier quand j'ai vu un chien dans ma maison vomir quelque chose de dégoûtant, qui ressemblait à du pudding.

Le chien a mangé le pudding bizarre

Ça sentait tellement mauvais que j'évitais tout simplement cette partie de la maison. **Environ une heure plus tard, je passai par là et je fus très choqué de trouver le chien en train de laper avec enthousiasme le pudding du vomi.** Tout à fait dégoûtant ! Je me demandais pourquoi le chien le mangeait. Est-ce qu'il n'y avait rien d'autre à manger ?

Certains d'entre vous ont sûrement déjà vu ce phénomène. Eh bien, c'est exactement ce à quoi vous ressemblez quand vous retournez à vos vieilles habitudes, vos anciens amis, vos anciennes copines et les vieilles habitudes que vous avez jadis vomies. Dieu est tout à fait surpris de vous.

Cela nous rappelle le fils prodigue qui finit par manger l'alimentation des porcs.

Le fils prodigue est une autre description du croyant qui rétrograde. Il exigea sa part des biens de son père et sortit de la maison de son père. Il se rendit dans un pays éloigné et gaspilla tous ses biens en menant une vie de débauche. À la fin, il dut se nourrir avec les porcs.

Et il aurait volontiers rempli son ventre des cosses que les pourceaux mangeaient...

Luc 15 :16

Voilà ce que cela veut dire de rétrograder. **Si vous avez la possibilité de manger à table avec votre famille chrétienne, pourquoi faut-il que vous finissiez par manger avec les porcs ?**

Cher ami chrétien, j'ai essayé dans ces dernières pages de décrire les horreurs de la rétrogradation aussi dramatiquement que possible. Que dire d'autre ? Si ce message n'est pas clair pour vous, il se peut que vous soyez sourd, aveugle, ou tout simplement malhonnête. Dieu nous dit clairement qu'une fois que nous avons appris à Le connaître, nous ferions bien de rester avec Lui. Impossible de retourner en arrière ou de L'abandonner.

Mais nous ne sommes pas de ceux qui se retirent pour se perdre...

Hébreux 10 :39

...Aucun homme ayant mis sa main à la charrue et regarde derrière lui, n'est apte pour le Royaume de Dieu.

Luc 9 :62

Chapitre 3

Principales causes de rétrogradation

Je sais qu'il existe de nombreuses causes de rétrogradation, mais dans ce chapitre, je vais essayer de vous donner les causes prédominantes, comme le Seigneur m'a montré.

Manque de profondeur

…**mais ceux-ci n'ont PAS DE RACINE, et croient pour un temps…**

Luc 8 :13

La parabole du semeur donne diverses raisons pour lesquelles certaines des semences ne purent pas pousser. Certaines graines ne purent pas se développer car elles étaient tombées sur le sol rocheux.

Jésus a expliqué que ce sont ceux qui reçoivent la Parole de Dieu avec joie, et même croient pour un temps. Mais au temps de l'épreuve, ils abandonnent parce qu'ils n'ont pas de racine.

Tout le monde sera éprouvé

Un temps d'épreuve viendra sûrement pour tout chrétien. Si vous n'avez pas de *profondeur*, au temps de l'épreuve vous allez tomber. Par expérience, j'ai remarqué que beaucoup de chrétiens n'ont pas de racines profondes. Ils ne connaissent pas Dieu par eux-mêmes. Ils ne peuvent même pas expliquer pourquoi ils font ce qu'ils font. Ils ne savent pas pourquoi ils appartiennent à une église particulière. Ils ne savent pas pourquoi ils parlent en langues. Ils ne savent même pas pourquoi ils font des offrandes. Quand ils sont confrontés à un peu de critique, ils sont désorientés et ne peuvent pas se défendre.

N'ayant pas d'expérience personnelle avec Dieu, ce sont les gens qui ne peuvent jamais dire : « Dieu m'a parlé ». **Ils n'ont aucune conviction propre.**

Un ami proche qui m'a éduqué dans le Seigneur a dévié du christianisme et est devenu membre d'une secte. Mais je ne l'ai pas suivi dans cette secte, parce que mes propres convictions étaient bien enracinées.

Je sais pourquoi je sers le Seigneur, et donc mon père, ma mère ou mon ami le plus proche ne peuvent pas me faire changer d'avis. **Beaucoup de chrétiens qui ne sont pas enracinés dans une doctrine biblique solide peuvent facilement être amenés à suivre des fables.** Certains croyants nés de nouveau font défection parce qu'ils ne savent pas la différence entre le vrai Évangile et les croyances de sectes comme les Témoins de Jéhovah.

J'ai témoigné auprès des Témoins de Jéhovah

Une fois, je me trouvais dans le Thomas Sankara Circle dans la ville d'Accra, quand un Témoin de Jéhovah vint vers moi pour essayer de me convertir à sa foi.

Il me demanda : « Croyez-vous en l'Esprit Saint ? »

Je lui répondis : « Certainement ! »

Puis je lui demandai : « Avez-*vous* entendu parler de ce qu'on appelle 'parler en langues' » ?

Il dit : « Oui. Mais je n'y crois pas ».

Alors je lui demandai : « Qu'est-ce que c'est que *ça*... ? »

Puis je dispensai tout un flot en langues à l'intention de cet homme sincère (mais qui avait sincèrement tort).

Cela mit fin à notre conversation. Il fuit ! Si je n'avais pas été convaincu que parler en langues est une capacité qui vient avec l'Esprit Saint, il aurait pu me désorienter. Mais je connaissais ma Bible, et je savais (comme je le sais encore aujourd'hui) que l'Esprit Saint vient de Dieu, et que parler en langues est l'un de ses dons.

Ne vous contentez pas de parler en langues parce que d'autres parlent en langues. Vous devez savoir pourquoi le parler en langues ressemble à une langue monotone et répétitive. C'est parce que la Bible dit : « avec une langue bégayante je vous parlerai ». Parler en langues est décrit comme une langue bégayante. Ce n'est pas seulement un langage ordinaire. C'est un langage céleste qui est prononcé en bégayant.

Allez-vous faire défection à la prochaine crise ?

Vous pouvez être dans une église, mais si vous n'êtes pas « profonds », vous ferez défection à la prochaine secousse et crise. La prochaine fois qu'il y aura un problème dans l'église, votre adhésion et votre engagement seront ébranlés.

Seul un chrétien « *sans profondeur* » ferait défection quand un grand homme de Dieu se retrouve impliqué dans un péché scandaleux. **Qu'est-ce que les péchés de cet homme de Dieu ont à faire avec votre propre salut ? Pourquoi donc pensez-vous à abandonner le Christ à cause des erreurs de votre pasteur ?**

Les chrétiens se comportent de cette façon parce qu'ils sont eux-mêmes superficiels !

Ne me suivez pas si je ne suis pas Christ

Je suis le pasteur d'une très grande église. Je sais que beaucoup de gens feraient tout ce que je leur dis de faire. Mais je dis toujours aux membres de mon église de ne pas me suivre si je ne suis pas Christ. Après tout, je suis aussi un homme et je peux faire des erreurs. Je leur dis : « Si je vous dis de faire quelque chose qui n'est pas biblique, ne le faites pas. Ne faites que ce qui peut être confirmé par la Bible ».

Si vous n'êtes pas sûr de quelque chose que votre pasteur dit, demandez-lui tout simplement : « S'il vous plaît Monsieur, quel est le fondement scripturaire de cette nouvelle révélation ? »

C'est parce qu'ils ne respectent pas ce principe que certains soi-disant pasteurs peuvent baigner les membres de leur église dénudés (ce qu'ils appellent les 'saints' bains). Certains soi-disant ministres sont également capables de duper les gens et de leur extorquer toutes leurs possessions terrestres.

C'est parce que les pasteurs savent qu'ils ont affaire à des gens sans profondeur.

Paul a dit : « Suivez-moi tant que je suis le Christ ». C'était un homme soumis aux passions, donc tout ce qu'il faisait devait être testé par le livre des livres : la Bible !

Saviez-vous qu'Aaron amena le peuple d'Israël à édifier un veau d'or après que Dieu les ait délivrés d'Égypte ? Ces gens étaient sauvés, c'est vrai, mais leur expérience de Dieu n'était pas profonde. Quand Moïse fut retenu sur la montagne, les Israélites à la foi peu profonde se tournèrent vite vers les idoles et déclarèrent : « Voici tes dieux, ô Israël, qui t'ont fait sortir du pays d'Égypte ».

Ne soyez pas superficiel et léger, emporté à tout vent de doctrine ! Ne vous contentez pas de suivre la foule ! Ce sont les superficiels qui se contentent de suivre la foule.

Suivre la foule peut être dangereux

Beaucoup sont devenus adorateurs du veau au temps d'Aaron, parce qu'ils ont suivi la foule. Beaucoup ont murmuré et ont été détruits au temps de Moïse et des dix espions, parce qu'ils ont suivi la foule.

Beaucoup ont été impliqués dans le meurtre de Jésus, le Fils de Dieu, parce qu'ils ont suivi la foule.

Suivre la foule peut être dangereux !

Ne soyez pas un chrétien sans profondeur. Soyez profond. Ne soyez pas un croyant seulement pendant un temps.

Laissez vos racines pousser en profondeur. Comme dit le chanteur : « *Attire-moi plus profond, Seigneur !* »

Le vide

...je ne suis pas meilleur que le cuivre RÉSONNANT...

1 Corinthiens 13 :1 (Traduction de Ronald Knox)

Le mot *résonnant* dans ce passage vient du vide dont je parle dans cette section du livre. Beaucoup de chrétiens sont vides. Il n'y a rien en eux. Je les appelle des « *chrétiens pleins d'air* ». Ils ont peu ou pas de Parole en eux, et ils ne sont pas non plus remplis de l'Esprit Saint ou d'amour. Ils peuvent parler en langues, mais la Bible dit qu'à chaque fois qu'ils le font, ils font juste beaucoup de bruit.

Je pense que la traduction de Ronald Knox de 1 Corinthiens 13, 1, que j'ai citée ci-dessus, fait vraiment ressortir la notion de *vide spirituel*. Si je n'ai pas l'amour « je ne suis pas meilleur que le cuivre *résonnant* ou que les cymbales *retentissantes* ». Je le répète une fois de plus, le *cuivre* et les *cymbales retentissantes* sont le résultat du vide intérieur.

Les chrétiens vides sont des cibles

Le vide va attirer d'autres choses afin de remplir cet espace vide. Un vide spirituel sera rempli de choses spirituelles, soit positivement soit négativement. La nature a horreur du vide, et tout espace sera comblé.

Et quand il [un mauvais esprit] vient, il la trouve VIDE...

Luc 11 :25 (Traduction de Goodspeed)

Les chrétiens vides sont des cibles pour l'ennemi. Le diable essaiera de vous remplir de mauvaises tendances et de vous faire rétrograder en raison du vide qui est en vous.

...et ils choisirent Étienne, un homme PLEIN de foi et de l'Esprit Saint...

Actes 6 :5

Comme vous pouvez le voir, Étienne était plein de tendances positives. C'est pourquoi il n'a pas rétrogradé, mais est allé de l'avant et est devenu un grand évangélisateur.

Le dicton dit que les barils vides font le plus de bruit. C'est la *résonnance* dont parle 1 Corinthiens 13. Ce même principe s'applique sans aucun doute au christianisme. **Les chrétiens vides parlent fort et se font remarquer, mais ils n'ont pas de substance.** Il est nécessaire que chaque chrétien soit rempli de l'Esprit, d'amour et de la Parole.

De quoi remplissez-vous votre esprit ? Remplissez votre esprit de la Parole de Dieu, de foi, et d'une bonne musique chrétienne. (Au fait, ne plaisantez pas avec la musique non chrétienne, elle remplira votre esprit d'impuretés !) **Remplissez votre temps d'activités d'église. Si vous ne remplissez pas votre vie de ces bonnes choses, quelque chose d'autre la remplira. Chassez le vide de votre vie spirituelle.** Ceci est une clé fondamentale pour une énergie durable pour la course chrétienne.

La convoitise

Car Demas m'a abandonné, ayant AIMÉ ce monde présent...

2 Timothée 4 :10

Demas aimait le monde. C'est pourquoi il a abandonné Paul. Si vous aimez quelqu'un, vous finirez par tourner autour de lui. Cela explique pourquoi les jeunes filles quitteront leurs parents aimants et épouseront de purs étrangers. L'amour ou la convoitise est l'une des raisons de cette attraction.

Si vous aimez le monde – son argent, ses femmes, ses hommes, son éclat – vous vous retrouverez en train de tourner autour de ces choses. Il est donc important que le chrétien n'ait aucun amour étranger dans son cœur.

J'ai un « amour » pour mon Seigneur et un second « amour » pour ma femme. Je ne peux permettre à tout autre « amour » d'exister dans mon cœur.

Les désirs forts sont dangereux !

Beaucoup de chrétiennes ont un tel désir de se marier qu'elles sacrifieront tous les principes et toutes les règles pour le faire. Convoiter quelque chose, c'est avoir un désir fort et excessif envers quelque chose. **Habituellement, c'est un désir incontrôlable, parfois obsessionnel, d'une chose en particulier.** Un dictionnaire appelle la 'convoitise' un désir animal. Méfiez-vous de toute forme de convoitise, que ce soit de la convoitise financière, sexuelle ou la soif de pouvoir. **La convoitise corrompt.** Souvenez-vous de ce passage de l'Écriture :

> …ayant échappé à la CORRUPTION qui règne dans le monde PAR LA CONVOITISE.
>
> 2 Pierre 1 : 4

Le fils prodigue avait un fort désir envers le monde. Il voulait quitter la maison pour pouvoir jouir des plaisirs du monde. Il fut trompé et voulait quelque chose d'autre. Mais il n'y avait rien d'autre ! Il s'aperçut vite que la situation dans le monde n'était pas aussi bonne que celle à la maison.

Les chrétiens ont souvent le sentiment qu'ils manquent de quelque chose qui est dans le monde. Parfois, ils sentent qu'ils passent à côté de choses telles que l'argent, le sexe, l'éclat et ainsi de suite. En dehors de l'amour du Christ, si vous avez un autre amour en vous, vous devez y faire attention. **Si vous avez des convoitises étrangères en vous, vous devez les tuer maintenant, sinon elles vont grandir et envahir votre vie.**

Je l'ai tué !

Une fois, je vis un bébé serpent dans mon jardin. Il ressemblait beaucoup à un ver de terre ordinaire, mais c'était vraiment un serpent. Donc je me dis : « Si je ne le tue pas maintenant, un jour il pourrait me tuer ». Je réfléchis : « C'est trop dangereux de laisser cette chose en vie ». « Allons, tuons-le maintenant », décidai-je.

C'est ainsi que nous devons faire face à certains de ces désirs cachés en nous. Traitez-les comme j'ai traité ce serpent. Tuez-les maintenant, quand ils sont petits et inoffensifs. Si vous les laissez grandir et se développer, ils vous détruiront un jour.

L'amertume

...de peur que quelque racine d'AMERTUME, en jaillissant, ne vous TROUBLE...

Hébreux 12 :15

Beaucoup de gens qui abandonnent une église sont des chrétiens offensés qui sont devenus amers. Ils ont probablement été véritablement offensés, mais leurs blessures n'ont jamais guéri.

Quand ma femme était enceinte de notre deuxième fils, Joshua, j'allais parfois avec elle à la clinique prénatale. Pour passer le temps, j'engageais la conversation avec l'un des médecins. Un matin, alors que je bavardais avec ce médecin, je remarquai qu'il lui manquait un orteil.

Il lui manquait un orteil

Je lui demandai donc : « Qu'est-il arrivé à votre orteil ? »

Il me répondit : « Je suis diabétique, et j'ai eu un jour une blessure à cet orteil. (Vous savez, les blessures de certains diabétiques ne guérissent pas facilement) ».

Il poursuivit : « Je me suis cogné l'orteil contre un objet, mais après un temps, la plaie ne cicatrisait pas. Cette blessure s'est détériorée jusqu'à ce qu'elle affecte toute ma jambe ».

Il déplorait la façon dont les médecins avaient même envisagé d'amputer sa jambe. Toutefois, ils décidèrent finalement de couper seulement l'orteil en question. « Ce fut une expérience très traumatisante pour moi. Voilà comment je me suis retrouvé avec un orteil en moins », conclut-il.

Comme je réfléchissais sur l'histoire de cet orteil manquant, l'Esprit de Dieu me parla et me dit : « Voilà ce qui arrive aux chrétiens qui sont blessés et ne se remettent jamais complètement de leurs blessures ».

L'Esprit Saint me montra comment beaucoup de chrétiens et de pasteurs laissent leurs blessures dégénérer en plaies de cœur non cicatrisées et gangréneuses. Il poursuivit : « **Ils se séparent des autres chrétiens au nom de la prudence, et parce qu'ils ne veulent pas être de nouveau blessés.** Cette séparation conduit finalement à l'isolement total du corps du Christ – et à la rétrogradation ».

Je pense parfois à toutes les blessures dont j'ai fait l'expérience dans ce ministère, et comment elles ont eu tendance à m'isoler. Je me souviens quand mon ancien pasteur m'a offensé et a refusé de m'aider quand j'ai commencé dans le ministère !

Aucun d'entre eux n'est venu à mon mariage

J'ai invité tous les pasteurs que je connaissais à mon mariage. Mais aucun d'entre eux n'est venu. Quand le temps vint de prendre les photos de groupe, le Maître de cérémonie demanda à tous les pasteurs de s'avancer. Mais il n'y avait personne. J'ai été totalement rejeté par les autres ministres de la ville.

Un proche ami de la famille et voisin m'appela un jour dirigeant de secte ! Des pasteurs en qui j'avais eu confiance m'ont trahi et se sont tournés contre moi. J'ai connu la désertion à mi-parcours dans le ministère par des personnes de confiance. J'ai eu des membres fidèles de l'Église en qui j'avais beaucoup investi qui ont lutté contre moi !

J'ai même décidé à un moment donné de m'éloigner des interactions avec de nombreuses personnes. Mais comme je réfléchissais à l'orteil de cet homme, je me rendis compte de ce qui se passait peu à peu pour moi. On était en train de me couper du reste de l'église au Ghana, tout comme l'orteil de cet homme. Et c'était à cause de blessures et de plaies non cicatrisées. Je décidai alors de laisser les blessures en moi guérir.

J'ai remarqué que beaucoup de ministres aînés dans le ministère sont devenus déçus, désillusionnés et impitoyables. J'ai observé de grands ministres qui touchaient jadis la nation toute entière, s'isoler et se couper du reste du corps du Christ.

Il ne pouvait pas me cacher ses plaies

Un jour, j'étais dans le bureau en train de conseiller quelqu'un quand un jeune homme vint à moi.

Il déclara avec hardiesse : « J'ai décidé d'être dans votre église parce que je crois que c'est là où Dieu veut que je sois ».

Je lui posai la question : « Pourquoi avez-vous quitté votre ancienne église ? »

Il me répondit : « L'Esprit m'a conduit ici ».

Je lui demandai : « En dehors de la direction de l'Esprit, est-il arrivé autre chose qui vous a fait décider de quitter cette église ? »

Il hésita : « Eh bien... il y avait un petit problème... » Et il n'en finit pas de raconter les problèmes qui avaient surgi dans son ancienne église.

J'ai su immédiatement que ce que je soupçonnais était vrai. Cet homme était blessé, et ses blessures non résolues l'avaient amené à se couper de son église. **C'est l'une des raisons les plus fréquentes de rétrogradation et d'abandon des églises.**

Un amour en rétrogradation !

Les couples mariés aussi rétrogradent dans leurs relations mutuelles. Ils commencent avec un amour brûlant, fort et fougueux, qui est souvent aveugle et fanatique. **Toutefois, de nombreux couples, après plusieurs années de mariage, ne font que cohabiter ou même se haïssent.**

Comment ont-ils chuté de l'amour à la haine ? Souvent, les blessures et les fautes dans le mariage n'ont jamais été entièrement résolues et ils ont pratiquement fini par se couper l'un de l'autre. C'est l'une des astuces préférées du diable.

S'il peut vous isoler par les blessures, il aura l'occasion de s'adresser à vous et de vous faire rétrograder. Vous voyez, vous êtes plus vulnérable lorsque vous êtes isolé. L'Épître aux Hébreux nous avertit que l'amertume peut nous troubler grandement.

...de peur que quelque racine d'AMERTUME, en jaillissant, ne vous TROUBLE...

Hébreux 12 :15

Le péché

Mon fils, si des pécheurs veulent t'attirer, n'y consent pas.

Proverbes 1 :10

Beaucoup de chrétiens qui abandonnent l'église et rétrogradent ont souvent vécu dans le péché.

Bien qu'ils aient fait partie d'une église, certains d'entre eux avaient l'habitude de s'adonner à la fornication, l'adultère, au vol et à d'autres péchés. Ce sont ces membres de l'église qui sont facilement contrariés par leurs pasteurs quand ceux-ci prêchent sur leurs mauvaises actions. Ils ne veulent pas être renvoyés à certains passages de l'Écriture. Ils se sentent mal à l'aise lorsque certains sujets sont prêchés à l'église.

Ils n'aiment pas les sermons « chauds »

Ils détestent aussi les messages percutants et inspirés par l'Esprit Saint qui mettent à nu les réalités de la vie vertueuse.

Un matin, une de mes amies bavardait avec son collègue au bureau.

Elle lui demanda : « Comment s'est passé votre week-end ? »

« Oh, très bien ! Je suis allé à l'église le dimanche », répondit-il.

« Comment c'était à l'église ? », demanda-t-elle.

Il répondit : « Je ne suis plus impressionné par mon église. Je ne pense pas que je vais y retourner ».

Elle était surprise et demanda : « Qu'est-ce qui ne va pas avec votre église ? Ça fait maintenant un moment que vous y allez ».

Il répondit : « Les sermons du pasteur ne sont pas édifiants. Nous ne sommes pas bénis, je vous le dis ! »

Il ajouta : « S'il veut prêcher, qu'il se contente de prêcher. Mais tout ça sur la fornication, et les gens qui ont des aventures, ça n'est pas nécessaire ».

Vous voyez, cet homme marié avait une liaison avec une jeune fille du bureau et il n'aimait pas que son péché soit exposé. Je vous le dis, il n'y avait rien de mauvais dans la prédication de ce pasteur. La fornication est un sujet de la Bible qui doit être abordé.

De tels chrétiens peuvent facilement quitter l'église pour éviter d'être confrontés à la Parole de Dieu, au lieu d'admettre leurs péchés et de se repentir.

Quand un croyant pèche et reconnaît son erreur, il est sur la voie de la guérison.

Traitez le péché dans votre vie. Corrigez les erreurs. Attaquez-vous à toute mauvaise pensée et habitude. Cela vous gardera dans le Seigneur. Le péché est certainement une cause principale de la rétrogradation.

Mon fils, si des pécheurs veulent t'attirer, n'y consent pas.

Proverbes 1 :10

Sans la vérité

Mes parents m'ont appris à ne jamais mentir. Ma mère ne cessa de me dire tout au long de mon enfance que mon père ne mentait jamais, donc je n'étais pas censé dire des mensonges. En grandissant, je trouvais que c'était difficile de dire des mensonges.

Le SEIGNEUR hait six choses…un regard hautain, UNE LANGUE MENTEUSE, et des mains qui versent le sang innocent.

Proverbes 6 :16-17

Les menteurs sont comparés à des méchants qui ont versé le sang innocent. Il y a des chrétiens nés de nouveau qui ont développé l'habitude de mentir. Ils mentent à Dieu et aux hommes sans sourciller.

Tenez-vous debout donc, ayant vos reins ceints de VÉRITÉ…

Éphésiens 6 :14

Cette ceinture de vérité maintient toute l'armure. **La vérité, l'honnêteté et la sincérité maintiennent toute votre vie chrétienne. Sans sincérité, votre vie chrétienne se désintègrera, et vous rétrograderez.**

Je me souviens avoir été à un service un jour avec quelques autres frères. Il y avait une jeune femme qui prophétisait et qui retardait l'ensemble du service pour un certain temps.

La fille possédée du démon

Elle se levait pendant que le dirigeant prêchait et elle interrompait le service par de très longues prophéties. Elle ordonnait au prêtre d'arrêter de donner la communion. Cette jeune fille prophétisait et faisait agenouiller et se relever toute la congrégation à son gré.

De nombreux dirigeants n'avaient pas d'expérience et ils ne savaient pas quoi faire. Alors ils se tenaient à l'écart pendant que cette jeune fille dominait tout le service. On m'avait parlé de cette jeune femme qui contrôlait les réunions, mais je ne l'avais jamais vue moi-même.

Ce jour-là, je me rendis compte que je voyais la manifestation d'un mauvais esprit « en direct ». Cette jeune femme se leva et se mit à dominer le service avec ses prophéties tout comme on me l'avait décrit. Je me levai alors de mon siège, je pris deux frères avec moi, et je la conduisis au sous-sol du bâtiment. Je savais qu'un mauvais esprit contrôlait cette jeune femme. Dès que nous sommes arrivés au sous-sol, les yeux de cette jeune femme s'agrandirent et s'enflammèrent.

Elle me regarda droit dans les yeux et me dit : « N'éteignez pas l'Esprit ! »

Je pouvais véritablement voir les démons danser dans ses yeux. Cela me troubla presque et je me demandai : « *Est-ce que j'éteignais l'Esprit ?* ». Alors je dis : « Esprit impur, au nom de Jésus, je te commande d'arrêter tes activités et de sortir de cette fille ».

Elle se mit immédiatement à faire toutes sortes de contorsions. L'esprit commença à se manifester, il nous parla par la voix de la jeune fille et dit beaucoup de choses. Je ne peux pas donner tous les détails de cet épisode de délivrance dans ce livre. Cependant, il y a une chose qui m'a frappé, que je tiens à souligner ici.

Je demandai à l'esprit du démon : « Comment es-tu entré dans cette femme ? »

Cet esprit dit : « *La ceinture de vérité était lâche* ».

Les démons avaient eu accès à la vie de cette jeune fille parce que l'armure de protection de vérité, de sincérité et d'honnêteté était déficiente d'une façon ou d'une autre.

Je ne peux pas vous dire exactement comment la ceinture de vérité de cette fille était lâche. Ce n'est pas important pour vous. Ce qui est important, c'est votre ceinture de vérité.

Le mensonge ouvre la porte aux mauvais esprits

Êtes-vous honnête ? Êtes-vous sincère ? Lorsque vous faites une erreur, est-ce que vous l'avouez facilement ? Êtes-vous honnête envers vous-même et envers Dieu ? Je vous le dis, beaucoup de gens se mentent sans cesse à eux-mêmes et se disent : « je suis quelqu'un de bien », quand ils savent que ce n'est pas vrai.

Ne vous trompez pas vous-mêmes ! Soyez honnête et sincère ! Soyez direct ! Jésus a dit : « Vous connaîtrez la vérité et la vérité vous rendra libres ». Ne vous fâchez pas lorsque vous entendez la vérité. C'est la vérité dont vous avez besoin.

La rébellion

Il y a un péché qui est comparé à la sorcellerie dans la Bible. C'est le péché de rébellion.

Car la RÉBELLION est comme le péché de SORCELLERIE...

1 Samuel 15 :23

La rébellion est la lutte contre toute autorité. La rébellion est souvent camouflée sous l'apparence d'une lutte pour l'indépendance. Beaucoup de soi-disant combattants pour la liberté et l'indépendance sont en fait carrément des rebelles.

L'Afrique, par exemple, a connu son lot de rebelles. Il y a eu des rébellions et des soulèvements contre les gouvernements dans toute l'Afrique.

Il y a aussi beaucoup d'éléments rebelles dans l'église. Il y a des pasteurs rebelles qui fuient leur position légitime en tant que pasteurs d'annexes, assistants pasteurs et ainsi de suite. Il y a des membres rebelles de l'église qui fuient la place que Dieu leur a donnée au sein des églises. (Je vous assure que les rebelles ont généralement des raisons très spirituelles pour justifier ce qu'ils font !)

La rébellion découle du cœur. Et tout enfant rebelle de Dieu a rejeté l'autorité légitime dans sa vie. Le résultat, c'est la rétrogradation. J'ai connu des chrétiens qui ne veulent être instruits par rien ni quiconque d'humain ou de divin, au sujet de leur vie. La rébellion est un facteur essentiel du phénomène de rétrogradation.

C'est la rébellion contre l'autorité de son père qui a amené le fils prodigue à quitter sa maison. La rébellion dans le cœur du fils prodigue l'a amené à manger avec les porcs. Je suis sûr que vous ne voulez pas finir par manger avec des porcs. Ne soyez pas rebelle. Tous les rebelles sont destinés à finir d'une façon. **Demandez au fils prodigue, demandez à Judas, demandez à Absalom, demandez à Adonija, demandez à Ahithophel, demandez à Schimeï et demandez à Lucifer qu'ils vous disent ce qui leur est arrivé quand ils se sont révoltés.**

Tous les rebelles se dirigent vers le même jugement – l'EXÉCUTION !

La stupidité

Celui qui se confie en son propre cœur est un INSENSÉ...

Proverbes 28 :26

Beaucoup de chrétiens font des choses stupides. Ils s'aventurent dans des endroits où seuls les sots oseraient aller. Il y a certaines situations et certaines personnes qui vous mettront dans le pétrin. Certains jeunes couples chrétiens non mariés vont au devant du désastre lorsqu'ils se livrent à certaines choses.

Parfois, quand ils se fréquentent, certains chrétiens peuvent se trouver dans des situations 'malsaines' après minuit. Ensuite, lorsque vous tombez enceinte avant votre mariage, vous êtes surprise d'être tombée dans le péché ! Pourquoi devriez-vous être surprise ?

Qu'est-ce qu'un repas d'affaires ?

Certaines femmes ont pour spécialité de faire de bons dîners bien arrosés avec des hommes mariés. Et leur excuse est qu'elles travaillent avec ces hommes. « Oh, c'est juste un repas d'affaires », disent-elles. Mais je vous le dis, elles jouent avec le feu.

J'ai vu des frères et sœurs chrétiens vivre dans le même appartement, et même dans la même chambre, et tout cela pour soi-disant économiser de l'argent. Et après ils sont 'tombés amoureux'. Alors avant de pouvoir dire 'ouf', ils ont eu un bébé. La folie a un prix.

Toutes choses me sont permises selon la loi, mais toutes choses ne sont pas opportunes...

1 Corinthiens 10 :23

Certains types de comportement sont tout simplement stupides. **Vous ne devriez jamais surestimer votre force spirituelle.**

Dieu m'a toujours répété, sans relâche, qu'être pasteur ne me rend pas exempt ou spécial. Le Seigneur m'a fait clairement comprendre qu'Il va me traiter comme Il traite tout le monde. Donc, qui que vous soyez, si vous agissez avec stupidité et absurdité, vous rétrograderez. C'est aussi simple que cela !

Les insensés se moquent du péché...

Proverbes 14 :9

Chapitre 4

La psychologie de la rétrogradation

La psychologie de la rétrogradation traite de la façon dont ceux qui rétrogradent pensent. Elle traite des attitudes d'un chrétien qui fait défection. Vous voyez, la Bible dit que nous devrions garder notre cœur avec toute la diligence possible, car de lui viennent les problèmes de la vie.

Garde ton cœur avec beaucoup d'empressement, car de lui sont les problèmes de la vie.

Proverbes 4 :23

La rétrogradation est l'un des problèmes de la vie. Le problème de la rétrogradation vient du cœur. Une pensée dans le cœur devient une attitude. Une attitude devient une action. Et ces actions deviennent des comportements bien ancrés.

Penchons-nous sur les attitudes qui se forment dans le cœur de celui qui rétrograde. Ce sont ces attitudes qui lui donnent une fausse confiance dans son état de rétrogradation.

Attitude n°1

« Je ne suis pas seul, d'autres aussi rétrogradent »

J'ai remarqué que l'une des choses que nous faisons, c'est de découvrir qui d'autre est dans une situation semblable à la nôtre. Et quand nous nous trouvons impliqués dans quelque chose, nous essayons aussi d'y entraîner d'autres avec nous (comme ceux qui se noient). Mais la Bible dit :

…chaque homme portera son PROPRE fardeau.

Galates 6 :5

Vous pouvez prendre confiance dans le fait que d'autres semblent se comporter aussi mal que vous. Mais c'est une fausse assurance.

Je me souviens quand je me suis rendu dans une ville au Ghana et ai rendu visite à un frère que je savais avoir été très zélé pour le Seigneur. Malheureusement, ce frère que j'envisageais même pour le rang de ministre avait rétrogradé, et avait mis une jeune femme enceinte. Il n'allait plus à l'église régulièrement.

Quand ma femme et moi sommes arrivés à sa maison, nous avons bavardé un peu et avons demandé : « Comment allez-vous spirituellement ? »

Il dit : « Oh, Dieu est bon ».

Puis il changea immédiatement de sujet et demanda si nous avions entendu parler d'un autre de nos bons amis qui avait terriblement rétrogradé.

Mais ma condition est meilleure que la sienne

« La condition de frère X est très regrettable », déplora-t-il.

Il ajouta : « Avez-vous entendu ? Il est tombé en très mauvaise compagnie et il ne va pas du tout à l'église ».

Il essayait de nous faire voir que la condition de ce frère était même pire que la sienne.

Alors que nous retournions chez nous en voiture, je demandai à ma femme si elle avait remarqué que ce frère semblait avoir été rassuré par le fait que notre autre ami se trouvait dans une situation encore pire.

Vous pouvez facilement remarquer les gens qui essaient de se rassurer. Il suffit d'écouter ce qu'ils disent. Ils disent des choses comme : « *De nos jours, beaucoup de gens ne vont pas à l'église... La vie citadine est trop chargée pour aller régulièrement à l'église... Beaucoup de chrétiens boivent maintenant un peu de bière avec leur nourriture...* »

Cher ami, ne soyez pas trompé par l'existence d'une foule. Vous pouvez penser que tout le monde commet des péchés comme vous. **Mais quand Christ viendra, vous serez très surpris de voir certaines personnes vous passer devant en route vers le Ciel, alors que vous pensiez qu'elles iraient en enfer avec vous !**

Un ami m'a raconté un jour un incident qui le poussa à devenir chrétien.

Quoi ? ! Êtes-vous aussi chrétien ?

Il me dit : « J'étais un fêtard, j'aimais la vie nocturne, j'avais de nombreuses petites amies. Un jour, je rentrais chez moi dans la voiture d'un ami après l'une de nos fêtes habituelles quand je remarquai qu'exceptionnellement, un grand silence régnait dans la voiture ».

« Je décidai donc de mettre de la bonne vieille musique disco pour animer l'atmosphère. Je ramassai l'une des cassettes qui étaient par terre à l'avant de la voiture et je la mis dans le lecteur. À ma grande surprise, au lieu de musique, j'entendis de la prédication ».

« Eh, qu'est-ce c'est que ça ? » m'écriai-je. « Depuis quand est-ce que vous écoutez de telles choses ? Est-ce que vous faites aussi partie de ces gens nés de nouveau ? »

Et son ami lui répondit : « Ouais, j'assure mon avenir ».

Mon ami me dit : « Je commençai à réfléchir très vite ; si notre voiture devait avoir un accident à ce moment et que nous mourions tous deux, il se peut qu'il fût allé au *Ciel,* et que je fusse allé en *Enfer* !! »

Mon ami se rendit tout à coup compte qu'il avait été trompé en pensant que tous ses amis étaient des pécheurs invétérés comme lui. Les gens cherchaient secrètement Dieu et s'assuraient leur place au ciel.

Vous feriez mieux de vous assurer que vous faites ce qui est juste. Ne regardez pas la foule. Vous êtes né seul, et vous mourrez seul. Ne regardez même pas votre mari ou votre femme. Il est inhabituel que les maris et les épouses naissent le même jour. Il est encore plus rare qu'ils meurent le même jour.

Vous vous trouverez devant Dieu en tant qu'individu. N'oubliez jamais ce fait de la vie.

Attitude n°2

« J'ai beaucoup de temps, Christ ne revient pas vraiment bientôt »

Cela fait bien rire les gens quand nous disons que le Christ revient bientôt. Ils pensent que c'est une théorie concoctée par des dérangés.

D'un autre côté, certains chrétiens savent que la seconde venue du Christ est une réalité. Mais ils pensent que ce n'est pas pour bientôt. Du moins, pas de leur vivant. Ils supposent qu'ils peuvent s'amuser et oublier l'avenir. Mais ce qu'ils oublient, c'est que le retour du Christ sera un événement très *inattendu*.

...Le jour du Seigneur vient comme UN VOLEUR DANS LA NUIT. Car lorsqu'ils diront : Paix et sécurité, alors une soudaine destruction viendra sur eux, comme les douleurs du travail d'une femme enceinte ; et ils n'échapperont pas.

1 Thessaloniciens 5 :2-3

Une femme enceinte sur le point d'accoucher peut aller très bien un instant et à l'instant d'après entrer en travail. Une douleur intense la frappera et un bébé naîtra. Il en ira de même de la venue du Seigneur. Tout ira bien un jour, et le lendemain le monde connaîtra un chaos total.

Jésus pourrait revenir ce vendredi !

Jésus compare son retour à la venue d'un voleur. Nul ne s'attend à un voleur. Je me souviens il y a des années lorsque des voleurs sont entrés par effraction dans la maison de mon père. Nous ne nous attendions à rien de la sorte, mais cela arriva, tout simplement. Le monde entier sera très surpris quand Jésus reviendra.

Beaucoup d'entre vous ont tenu pour acquise la période de grâce offerte par Dieu pour la repentance. En effet, cette période de grâce ne signifie rien pour certains d'entre nous. **La période de grâce est devenue plutôt synonyme d'un gain de temps pour 'faire le pitre'. C'est ainsi que pensent ceux qui rétrogradent. *J'ai encore le temps* ! *J'ai encore beaucoup de temps* !**

Vous pouvez avoir l'intention d'avoir un grand mariage. Mais il se peut qu'il n'arrive jamais. Peut-être que ceux qui sont à l'école ne termineront jamais leurs études. La trompette retentira tout à coup, et ceux d'entre nous qui sont lavés dans le sang de l'Agneau et prêts pour le Sauveur seront emportés dans les nuées pour être avec Lui pour toujours.

Attitude n°3

« Il y a des raccourcis pour tout, y compris pour aller au Ciel »

Le monde est dans l'illusion qu'il existe des raccourcis pour tout. Malheureusement, certains chrétiens pensent de la même façon. Ils supposent qu'il doit y avoir un raccourci pour aller au Ciel, puisqu'il semble y avoir un raccourci pour presque tout.

J'ai appris à la dure !

Vous ne pouvez pas éviter les rudiments chrétiens et aller au Ciel. Vous ne pouvez pas éviter la croix. Jésus a dit : « Prends ta croix et suis-moi ». Il n'y a pas de raccourci pour éviter la croix. Vous devez la prendre. En cette époque du café instantané, du thé instantané et des voyages en avion, tout le monde veut obtenir des résultats vite et rapidement.

Quand j'étais à l'internat, j'ai appris à la dure qu'il faut éviter les raccourcis. On demanda à ceux d'entre nous en secondaire de faire le nettoyage général de l'école. J'ai obtenu un billet d'excuse du médecin. Il m'a exempté de toute tâche assignée les quatre jours suivants. Je discutai par hasard de ce billet d'excuse avec un ami, et tout excité je lui dis que je n'aurais à faire aucun dur travail les quatre jours suivants. Puis il eut une idée que je trouvais brillante.

Il suggéra : « Pourquoi n'écrivez-vous pas '1' devant le '4', de sorte que ce soit '14' jours au lieu de '4' ? Vous aurez alors quatorze jours entiers pour vous détendre ».

Comme je réfléchissais à cette suggestion, je pensai : « Quelle bonne idée ! Personne ne s'en apercevra ».

Le jour où j'ai rencontré mon premier Judas

Mais cet ami fut le premier Judas que je devais rencontrer dans ma vie.

Après que j'aie accepté sa suggestion et que j'aie modifié le '4' en '14', ce même ami me dénonça aux aînés. Il leur dit que j'avais falsifié mon billet d'excuse.

Tout le monde se précipita sur moi et je fus puni. Je vous le dis, j'ai beaucoup souffert de cette erreur. Tout d'abord, mes quatre jours d'excuse furent annulés. On me confia les tâches les plus difficiles. Et puis on me donna une punition supplémentaire.

Depuis ce temps-là, j'ai décidé : *Plus de raccourcis dans la vie*. Je me suis rendu compte il y a longtemps qu'il n'y avait pas de raccourci vers le Ciel. Je vais devoir y aller à la dure.

On peut penser qu'il y a un chemin plus court vers le Ciel, mais il n'y a qu'un seul chemin vers le Ciel. Ce n'est pas par Allah, l'islam, les fétiches, le chant ou la méditation. C'est seulement en acceptant le Seigneur Jésus Christ comme votre Sauveur personnel et en étant né de nouveau. Il n'y a pas de raccourci.

Dans le monde séculier, les hommes d'affaires sages se méfient de tout procédé pour « Devenir riche rapidement ». Beaucoup, cependant, ne se lassent pas d'essayer un procédé rapide l'un après l'autre. Ils profitent donc de toute occasion pour gagner de l'argent rapidement.

Ils ont dit : « Votre église sera riche »

Quelqu'un demanda un jour à notre église d'adhérer à une banque du style 'devenez riche rapidement'.

Il expliqua : « Puisque votre église est en train de croître, vous aurez besoin de beaucoup d'argent pour aider à terminer votre projet de construction ».

Mais je dis tout de suite : « C'est trop beau pour être vrai, et trop rapide pour être vrai ».

Nous n'y avons donc pas adhéré.

Quelques semaines plus tard, j'entendis dire comment cette nouvelle banque avait fait faillite. Beaucoup de gens ont perdu leur argent. J'ai aussi entendu comment certaines églises avaient perdu des sommes énormes d'argent en plaçant leur argent dans cette banque.

La Bible dit que le Royaume des Cieux est semblable à une graine de moutarde qui a besoin de temps pour croître et devenir un grand arbre. Quand vous semez la graine dans le sol, il lui faudra passer par le long processus de mort et de croissance avant de produire du fruit. Malheureusement, certains d'entre nous veulent échapper au processus de mort et de croissance. Vous ne pouvez pas vous attendre à mettre simplement de l'argent dans l'offrande et espérer que tout ira bien. **Vous ne pouvez pas éviter la réalité du jeûne, de la prière, de la communion fraternelle et du témoignage. Ce sont des normes bibliques que nous ne pouvons tout simplement pas éviter !**

Attitude n°4

« Dieu m'aime trop pour me punir »

J'ai entendu des chrétiens dire que Dieu ne les punira jamais. Ils citent : « Car Dieu a tant aimé le monde... »

Ils font valoir que puisque Dieu aime tant le monde, Il ne les détruira pas. Ils disent : « Je sais que Dieu me pardonnera ». En raison de cela, ils accumulent péché sur péché sans sourciller.

Les deux cotés d'une pièce

La nature de Dieu est comme les deux côtés d'une pièce de monnaie. Un côté de la pièce montre la face et l'autre est pile. **Un côté du caractère de Dieu montre Son grand amour et l'autre côté montre Son jugement.**

Une sœur chrétienne parla d'une femme qui avait une liaison avec le mari de sa meilleure amie. Les deux femmes étant de bonnes amies, elles parlaient souvent au téléphone. Chaque fois que cette femme adultère raccrochait, elle soupirait et disait : « Ô Dieu, pardonne-moi ce que je fais ».

De façon étrange, elle n'arrêtait toujours pas de détruire le mariage de son amie. Certains pensent que Dieu ne veut pas les punir. C'est pourquoi ils continuent de pécher.

Quand Dieu vous montrera un côté de Son caractère, vous verrez l'amour, le pardon et la miséricorde de la plus haute qualité. Dieu pardonnera et oubliera vos péchés. **Mais un temps viendra où Dieu vous montrera l'autre côté de Sa nature,** qui est jugement, justice, équité, impartialité et jurisprudence. Tels sont les deux côtés de la nature de Dieu. Nous sommes maintenant dans le Régime de la Grâce. Dieu vous fait montre de miséricorde et d'amour.

Pensez à tous les méchants péchés que vous avez commis, mais continuez à recevoir Son pardon. À un certain moment, l'Esprit du Seigneur ne luttera plus avec l'homme. Dieu doit vous juger, sinon ce sera le chaos dans le Royaume.

Le roi affirmit le pays par le juste jugement...

Proverbes 29 :4

Dieu vous aime tellement qu'Il vous punira quand Il le devra.

ATTITUDE n°5

« J'ai encore le temps, je ne vais pas mourir bientôt »

Les gens pensent que parce qu'ils sont jeunes, ils ont encore beaucoup de temps. Ils pensent aussi qu'il leur reste assez de temps devant eux pour arranger les choses avec Dieu.

J'ai écrit ce livre au moment où le monde entier était secoué à la nouvelle de la mort de la princesse Diana et de son compagnon milliardaire. Personne dans son imagination la plus folle n'aurait pensé qu'une personne si jeune, si charmante et si belle pourrait être ôtée de la surface de la terre si soudainement.

La sécurité d'une Mercedes Benz blindée avec des airbags partout n'a pas pu empêcher sa mort dans un accident de voiture à Paris. Je vous le dis, aucun d'entre nous ne s'attendait à cela !

Tout le monde pense qu'il y a encore le temps Je suis sûr que la princesse Diana pensait qu'elle avait de nombreuses années devant elle. C'est ce que nous pensions tous. Mais ce n'était pas le cas. C'est pourquoi le monde entier trembla sous le choc. **Il n'est pas prudent de supposer qu'il y a encore le temps.** Le Bible nous avertit que puisque nous ne connaissons ni le jour ni l'heure où le Christ reviendra, nous devons *être prêts* en tout temps. Le mot clé ici est la préparation et le fait d'être prêt.

...je te ferai ainsi... parce que je te ferai ainsi, PRÉPARE-TOI à rencontrer ton Dieu...

Amos 4 :12

Dans Luc 12, la Bible raconte l'histoire d'un homme qui avait une entreprise prospère. Il avait tant qu'il se demandait quoi faire avec les bénéfices. Il décida de construire de plus grandes granges où stocker ses marchandises. De notre temps, cela équivaudrait à l'ouverture de nouveaux comptes bancaires. Quand il termina ses projets, il se dit : « Mon âme, tu as beaucoup de biens en réserve pour de nombreuses années. Repose-toi, mange, bois et réjouis-toi ».

Venez à une réunion

Dieu réagit immédiatement du ciel et dit : «... Cette nuit ton âme te sera redemandée ». En d'autres termes, je veux avoir une discussion avec toi ce soir. **Dieu a le droit de vous appeler pour une discussion à tout moment.** Dieu nous montre ici qu'il n'y a qu'un pas entre nous et la mort.

Il y a trois fois dans votre vie où les gens se réuniront pour vous honorer. Ils se rassemblent quand vous êtes né et baptisé. Puis ils se réunissent à nouveau lorsque vous vous mariez. Et enfin, ils vont sans aucun doute aussi se réunir pour vous lorsque vous mourrez. Quelqu'un pourrait prétendre qu'il ou elle est trop jeune pour mourir. Mais allez à la morgue, et vous découvrirez que même de petits bébés meurent. Un jour, j'étais dans une salle d'hôpital avec un de mes pasteurs assistants, quand on vit le corps d'un petit bébé qui venait de mourir. Bien que ce fût un petit bébé qui avait juste commencé à vivre, il mourut. **Ce bébé n'était pas trop jeune pour mourir.**

Cher ami chrétien, ne remettez pas vos obligations pieuses parce que vous pensez que vous êtes encore jeune et qu'il reste du temps. **Vous ne savez jamais quand Dieu vous appellera pour rendre compte de votre vie.**

...je te ferai ainsi... parce que je te ferai ainsi, **PRÉPARE-TOI** à rencontrer ton Dieu...

Amos 4 :12

Chapitre 5

Les symptômes de la rétrogradation

Et il y aura des SIGNES… lorsque vous voyez arriver ces choses, SACHEZ…

Luc 21 :25-31

Dans le domaine de la médecine, un symptôme ou signe est l'indice extérieur de quelque chose de dangereux. Souvent, lorsque vous recherchez quelque chose qui est caché, vous cherchez des indices pour vous guider. Les signes et symptômes aident les médecins à faire le bon diagnostic.

Les symptômes révèlent la condition

Un symptôme n'a pas de sens pour ceux qui ne s'y connaissent pas, mais il est important pour les savants. Si un symptôme est détecté tôt, il peut sauver une vie. Quand un médecin détecte certains signes, il sait que la vie du patient est en danger. Mais un non-initié peut n'avoir aucune idée de ce qui se passe.

Quand la main d'un patient présente certains signes, c'est une indication d'une maladie grave du foie. **Qu'est-ce que la main a à voir avec le foie ? Ils sont si éloignés l'un de l'autre de toute façon.** Mais cela peut vous surprendre de savoir qu'une main qui tremble et a des mouvements brusques pourrait indiquer une insuffisance hépatique. Pour les non-initiés, cette main qui tremble est juste un spasme inhabituel. Certains peuvent même penser que c'est un signe de l'onction !

Le pancréas est situé quelque part dans les profondeurs de l'abdomen. Comment pouvez-vous savoir si le pancréas fonctionne ou pas ? La seule façon de le savoir est de chercher certains symptômes ou signes.

Un jour, j'ai remarqué une personne d'âge moyen qui buvait beaucoup d'eau et urinait beaucoup. Cette personne était trop grosse. En tant que médecin, je pensai immédiatement : « Cette personne est peut-être diabétique et ne le sait même pas. Il peut y avoir quelque chose qui ne va pas avec son pancréas ». Ce fut un signe important pour moi.

Lorsque vous aurez des connaissances dans certains domaines, vous remarquerez des choses que les autres ne voient pas.

En lisant ce livre, vous apprendrez que certains symptômes indiquent qu'une personne est spirituellement en rétrogradation. Et il s'agit peut-être de vous ! Puissiez-vous devenir spirituellement alerte et ne plus tenir certaines choses pour acquises après la lecture de cette partie.

Les symptômes de l'âme

Comme les scientifiques cherchent des signes pour savoir ce qui se passe l'intérieur du CORPS d'un homme, nous devons aussi chercher les signes qui permettent de découvrir ce qui se passe dans l'ÂME d'un homme.

La détection précoce de certains de ces symptômes peut sauver un croyant de la rétrogradation et lui éviter d'aller en enfer. La connaissance de l'existence de ces symptômes peut vous donner de l'endurance pour la course chrétienne.

Il ne sert à rien d'aller régulièrement à l'église, de connaître le Seigneur et plus tard de mourir en état de rétrogradation ! Pourquoi devrais-je passer toutes ces années à prêcher, si c'est pour rétrograder plus tard ? Pourquoi faire aujourd'hui le travail du Seigneur et servir le diable demain ?

C'est une image de ce qui est arrivé aux cinq vierges insensées (Matthieu 25). Elles étaient toutes vierges, les dix d'entre elles, mais cinq étaient insensées et cinq étaient sages. Toutes avaient de l'huile à un certain moment. Plus tard, quand ce fut vraiment important, certaines d'entre elles n'avaient plus d'huile. Peut-être que l'année d'avant, elles étaient toutes pleines de zèle et ointes d'huile. Mais à la fin, certaines d'entre elles avaient abandonné.

J'enseigne sur ces symptômes et les signes de la rétrogradation, parce que beaucoup de chrétiens présentent ces symptômes. Si vous détectez un de ces symptômes en vous-même, sachez que vous pouvez être sur une voie dangereuse de destruction.

Poursuivons notre lecture.

Mauvaise compagnie

L'expérience dans le ministère m'a appris à prendre note de tout chrétien qui est en mauvaise compagnie. C'est un symptôme très mauvais, avec un très mauvais pronostic. La *mauvaise* compagnie vous conduira finalement dans de *mauvais* endroits. Quand vous voyez un chrétien qui a de mauvais amis, il est probable qu'il quittera l'église un jour.

Les mauvaises compagnies corrompent les bonnes mœurs.

1 Corinthiens 15 :33

Il y a un dicton qui dit : « Les oiseaux au même plumage volent ensemble », c'est à dire « Qui se ressemble s'assemble ».

Un proverbe ghanéen peut être rendu ainsi : « **Montre-moi ton ami, et je te montrerai ton caractère** ». Cela signifie que nous pouvons identifier le genre de personne que vous êtes simplement en regardant le genre d'amis que vous avez.

Dans chaque grande église il y a de plus petits groupes de chrétiens. Lorsque vous observez ces groupes, vous découvrirez que ce sont des gens au même genre de « plumage ». Les amis que vous fréquentez vous conduiront soit à l'église soit dans de mauvais lieux.

Si vous êtes un vrai croyant et que vous voulez demeurer en Christ, alors vous devez avoir de bons amis. Ils devraient

être de vrais chrétiens nés de nouveau qui fréquentent une église 'née de nouveau' ». Ils doivent croire en ce que vous croyez.

Vous devez aller à l'église ensemble. Vos amis ne doivent avoir rien contre le fait que vous allez à l'église. Sinon, ils ne doivent pas être vos amis !

« Faites-les » avant qu'ils ne « vous fassent »

Si vous conservez de mauvais amis, ils finiront par vous convertir, ou vous les convertirez. Nous avions ce slogan dans mon école (*Achimota School*) : « Faites-les avant qu'ils ne vous fassent ». C'est un avertissement pour influencer vos amis avant qu'ils ne vous influencent !

La façon de résoudre le problème de la mauvaise compagnie est de les convertir et de les amener au Christ, avant qu'ils ne vous fassent rétrograder.

Cela, vous devez vous en rendre compte, exige beaucoup de sagesse, et si vous n'êtes pas un chrétien stable vous-même, n'essayez pas de convertir vos mauvais amis – vous pourriez tomber !

Votre femme peut-elle être une mauvaise compagnie ?

Certains ne se rendent pas compte que la personne qu'ils épousent leur tiendra compagnie tout le reste de leur vie, et que cette 'compagnie conjugale' vous affectera vraiment. C'est ainsi que le roi Salomon, qui construisit le temple et accomplit de grandes choses pour le Seigneur, finit par rétrograder. La Bible nous dit que ses femmes éloignèrent son cœur de Dieu. **Les femmes de Salomon furent une mauvaise compagnie pour lui.**

Vous n'avez pas besoin de vous exposer à des circonstances favorisant la mauvaise compagnie. Vous n'êtes pas plus oint que Salomon. Si la Bible avertit que la mauvaise compagnie peut ruiner votre vie, vous feriez mieux de le croire et de vous sauver !

Chaque femme affecte son mari et tout mari a une grande influence sur sa femme. Qui que vous soyez, votre femme influencera votre façon de penser. Si votre mari pense d'une certaine manière, à la longue vous finirez par penser de la même manière.

Je me souviens d'une vieille dame douce qui n'avait rien contre les autres races. Toutefois, après avoir été mariée pendant de nombreuses années à un raciste, elle commença à développer les mêmes préjugés.

Si votre femme ne veut pas que vous soyez dans le ministère, vous ne serez pas dans le ministère. Je sais cela par expérience. Si ma femme s'était opposée à mon entrée dans le ministère, je ne pense pas j'aurais pu aller aussi loin. C'est pourquoi je suis très préoccupé par qui mes pasteurs épousent.

La mauvaise compagnie – que ce soit les amis, les frères, les maris ou les épouses – vous amènera à la rétrogradation.

Restez à l'écart !

Regarder en arrière

Dans Genèse 19, nous pouvons étudier le témoignage de Lot et de sa femme. Deux anges furent envoyés à Lot et à sa famille à Sodome et Gomorrhe. Leur message était simple :

...Échappe-toi pour ta vie ; NE REGARDE PAS DERRIÈRE TOI... de peur que tu ne sois consumé.

Genèse 19, 17

Mais la Bible déclare que la femme de Lot regarda en arrière et fut changée en pilier de sel.

Jésus nous rappelle aussi la terrible erreur que fit la femme de Lot alors qu'elle fuyait Sodome et Gomorrhe.

Elle fut le seul membre de la famille qui regarda en arrière sur son passé. Nous pouvons comparer ceci à des croyants qui rétrogradent parce qu'ils ont constamment regardé en arrière sur le monde et tout ce qu'il avait à offrir.

En tant que croyants nés de nouveau, Dieu nous a tous délivrés du péché, et il est important que nous ne regardions pas en arrière.

Je suis sortie avec beaucoup d'hommes

Je me rappelle toujours l'histoire d'une femme qui témoigna devant un groupe chrétien. Elle raconta joyeusement ce qu'elle avait fait quand elle était non-croyante :

« J'avais l'habitude de sortir avec de nombreux hommes. Ils venaient me chercher pour aller faire la fête avec moi dans des boîtes de nuit et des discothèques. Je dansais toute la nuit avec eux. C'était génial », dit-elle.

Avec beaucoup d'émotion dans la voix, elle dit aux chrétiens : « J'ai voyagé partout dans le monde avec eux. Nous avons vraiment pris du bon temps ».

Puis sa voix chuta et elle dit tristement : « Mais je connus le salut, et me voici dans l'église ».

Pour elle, le salut était plutôt une « mauvaise » chose qui lui était arrivée. C'était comme si être sauvé était une expérience malheureuse. Cette femme regardait en arrière sur les voitures chères, les restaurants chinois et le « bon » temps qu'elle avait connus quand elle était non-croyante. **Si vous continuez à penser à votre vie passée de pécheur et à vous en souvenir avec nostalgie, vous vous transformerez en « statue de sel » !**

Lorsque vous voyez une femme mariée qui parle avec enthousiasme de ses anciens petits amis, alors vous regardez une femme qui n'est peut-être pas heureuse là où elle est.

Il est très probable qu'elle veuille retourner à ses gars « formidables ».

Vous retournerez en arrière si vous continuez à regarder en arrière. Et vous tomberez si vous continuez à regarder en arrière.

Je regarde en avant, et j'ai l'intention d'aller de l'avant avec le travail de Dieu. En tant que médecin avec un ministère à plein temps, je pourrais regarder en arrière et envisager de retourner à l'exercice de la médecine.

Il y a des moments où je me souviens de l'odeur particulière de l'hôpital. Je me souviens de ces jours où je marchais dans les services et entendais les patients appeler : « Dr Mills ; S'il vous plaît, Dr Mills ». Mais je ne regarde pas en arrière. **Je vais de l'avant, prêchant, enseignant et implantant des églises partout dans le monde.** Je n'ai pas l'intention de retourner à l'exercice de la médecine à plein temps.

S'il y a un désir dans votre cœur de *retourner en arrière ou de regarder en arrière,* **alors vous présentez un dangereux symptôme de rétrogradation.** Venez devant le Seigneur et demandez-Lui de vous aider à « tuer » cet intérêt pour le passé. Qu'il meure !

Excès de confiance

Une personne trop confiante est quelqu'un qui a trop de confiance en ses capacités. Il est dangereux d'être trop confiant en tant que chrétien. Avoir trop confiance en votre vertu et en votre propre spiritualité est un mauvais signe.

...Que celui qui ESTIME SE TENIR DEBOUT, prenne garde qu'il ne tombe.
1 Corinthiens 10 :12

Si vous vous considérez ou si vous considérez votre position dans le Christ comme étant à toute épreuve, vous êtes en danger de rétrogradation – en particulier si vous avez été promu dans l'église ou si Dieu s'est servi de vous dans le passé.

J'ai entendu des chrétiens se vanter : « Je ne forniquerai jamais, je ne peux tout simplement pas le faire » – il s'agit d'un excès de confiance. Cela me rappelle un frère en particulier dans mon église qui venait régulièrement me voir et disait : « Pasteur, votre église est si bonne, je ne quitterai jamais Lighthouse Chapel ». Il parlait de son engagement envers moi et envers l'église avec une telle conviction. Quelques mois plus tard, il quitta l'église et ne revint jamais.

Satan sourit face aux chrétiens qui se vantent

Quand un chrétien continue à se vanter de sa force, Satan l'entend et décide de le mettre à l'épreuve. Une telle personne est en rétrogradation potentielle.

Les domaines où vous avez le plus confiance en vous peuvent précisément devenir vos points faibles, parce que vous avez baissé votre garde.

Vous pouvez aussi reconnaître lorsqu'un chrétien est trop confiant par la façon dont il parle des faiblesses des autres. J'ai entendu des chrétiens critiquer les autres comme s'ils ne pouvaient jamais faire les mêmes erreurs. Ils surestiment leurs propres capacités et regardent les autres de haut.

Ne vous moquez pas d'eux

Vous devez être humble, sinon un jour, vous vous trouverez à leur place, à votre grande surprise. Rester sur la bonne voie est en grande partie dû à la grâce de Dieu, et non pas à vos propres forces.

Lorsque David apprit que Saül était mort, il ne le ridiculisa pas ni ne se réjouit de sa mort. David aurait pu s'en prendre à Saül et le critiquer à ce moment-là. Il aurait pu saisir l'occasion de raconter comment Saül avait été désobéissant et têtu. Il aurait pu discuter de ce qui avait conduit Saül à sa chute. Au lieu de cela, il déclara :

Ne le racontez pas dans Gath, ne le publiez pas dans les rues d'Askelon...

2 Samuel 1 : 20

Bien que David n'avait pas de problème avec l'entêtement et la désobéissance, il n'a pas osé dénoncer les faiblesses de son prédécesseur. Nous devons tous apprendre quelque chose de cet exemple.

...Que celui qui ESTIME SE TENIR DEBOUT, prenne garde qu'il ne tombe.

1 Corinthiens 10 :12

L'entêtement

Le symptôme suivant de la rétrogradation est l'entêtement. Une personne têtue est sujette à la chute.

Celui dont le cœur rétrograde sera rassasié de ses propres chemins...

Proverbes 14 :14

Si vous connaissez un chrétien têtu qui ne tient pas compte des conseils, mais qui ne fait que ce qu'il veut, en dépit de tout conseil, vous regardez quelqu'un en rétrogradation potentielle.

Et mon peuple est DÉTERMINÉ À RÉTROGRADER et à s'éloigner de moi...

Osée 11 :7

Souvent, je conseille les chrétiens et trouve à la fin de la session qu'ils sont encore ancrés dans leurs habitudes. Ils sont déterminés à n'en faire qu'à leur tête. Tout le monde a besoin de conseils. La Bible dit qu'une multitude de conseils apporte de la sécurité.

Mieux vaut un enfant pauvre et sage qu'un roi vieux et insensé, qui ne sait plus être admonesté.

Ecclésiaste 4, 13

Je me souviens avoir conseillé une jeune femme de ne pas poursuivre une certaine relation malsaine.

Êtes-vous différente des autres filles ?

Je lui demandai : « Qu'est-ce qui vous distingue des autres filles qu'il a laissé tomber ? Il a eu 17 petites amies, et vous êtes la 18ème. La seule différence entre vous et les autres, c'est que vous êtes nouvelle pour lui. Mais un jour, vous deviendrez « vieille » tout comme les autres. Et alors il vous laissera tomber ». En dépit de cet avertissement, elle persista dans cette voie.

Y a-t-il quelqu'un qui a été puissamment béni par Dieu bien qu'il fut têtu et rebelle ? Jamais ! **L'entêtement contre Dieu, Sa Parole, Ses pasteurs et les conseils bibliques sont des signes de rétrogradation imminente.**

Surprises chrétiennes

Il y a quelque chose que j'appelle des « surprises chrétiennes ». Des « surprises chrétiennes » sont des surprises qui sont uniques à l'expérience chrétienne. **Ce sont des chocs que vous rencontrez au cours de votre marche chrétienne.** Malheureusement, certains sont si choqués par ce qu'ils voient et entendent à l'église que cela les fait abandonner.

En grandissant en tant que chrétiens, nous rencontrerons ces surprises chrétiennes. La plupart d'entre nous sommes assez naïfs lorsque nous devenons chrétiens. Nous pensons que nous sommes entrés dans un monde parfait.

Ainsi, lorsque les soi-disant saints nés de nouveau nous déçoivent, nous nous trouvons très surpris. Nous ne pouvons pas croire que c'est vrai. Mais la Bible dit nous ne devrions pas être surpris. Un chrétien choqué ou surpris peut facilement abandonner la foi.

...tant que vous faites le bien, et n'ayant peur d'aucun ÉTONNEMENT.

1 Pierre 3 :6

...et que rien ne vous effraie – ne cédez pas à des peurs hystériques ou ne laissez pas les angoisses vous énerver.

1 Pierre 3 : 6 (Bible glosée)

Être en état de choc, c'est être dans un état dangereux. Tout bon médecin qui voit un patient en état de choc sait qu'il a affaire à quelqu'un qui peut facilement casser sa pipe et mourir. Tout pasteur expérimenté qui voit ses membres en état de choc et de surprise face à ce qui peut avoir eu lieu à l'église sait aussi qu'il regarde un membre qui peut facilement abandonner.

Tous les dirigeants sont humains !

L'une des choses qui peut amener les chrétiens à abandonner est la déception causée par un dirigeant chrétien. Parfois, votre dirigeant peut vous décevoir outre mesure. Samson, David, Pierre et d'autres dirigeants puissants firent des erreurs. Cela aurait pu décevoir leurs disciples et les amener à rétrograder.

La Bible dit aux pasteurs de ne pas être avides ou pompeux, ni d'exercer leur autorité sur les autres avec des airs supérieurs. Elle déclare clairement que les pasteurs ne devraient pas courir après l'argent ou les femmes. Les ministres de Dieu sont censés faire Son œuvre de tout leur cœur.

Le fait même que la Bible parle de toutes ces choses signifie que les dirigeants chrétiens *peuvent* les faire (et les *ont* faites) !

De nos jours, l'une des activités préférées de la presse est d'écrire des histoires sur des hommes de Dieu qui sont tombés.

Certains pasteurs ont été impliqués dans des scandales de sexe, d'argent et de rupture.

Les chrétiens sont surpris par un tel comportement venant de gens qu'ils ont aimés et admirés de nombreuses années. Un comportement si surprenant déstabilise souvent des croyants « stables » jusque là. Mais rappelez-vous la Parole de Dieu.

> ... il n'y a pas de nouvelle chose sous le soleil. Y a-t-il quelque chose dont on puisse dire : Regarde, c'est nouveau ? Elle a déjà été depuis les temps anciens...
>
> Ecclésiaste 1 :9-10

Si tout au long de votre vie chrétienne vous avez fait confiance à un homme, alors il est très probable que vous serez déçu.

Fixez votre regard sur Jésus

Paul dit : « Suivez-moi comme je suis Christ ». Ce qui signifie que vous ne pouvez suivre votre dirigeant chrétien que dans la mesure où il suit le Christ ! **Je dis souvent à mon église : « Le jour où j'arrête de suivre Christ, c'est le jour où vous devez arrêter de me suivre ».**

Je me souviens quand certains grands hommes de Dieu aux États-Unis sont tombés dans le péché, de nombreux chrétiens ont également abandonné la foi avec eux. Pourquoi cela ? Ils avaient fait l'expérience d'une surprise chrétienne. Mais il n'était pas nécessaire qu'ils tombent. **Si vous fixez votre regard sur le Christ** (admirant Jésus), **vous serez un chrétien stable.**

Les chrétiens peuvent aussi être surpris quand ils prient sans obtenir les réponses qu'ils attendent. Un membre proche de la famille peut être malade en phase terminale ou vous pouvez avoir prié pour que votre mari soit sauvé, mais vous voyez seulement son état s'aggraver. Vous pouvez facilement vous sentir surpris et choqué que Dieu ignore vos prières.

Ne soyez pas surpris ! Ce n'est pas tout ce que vous savez. J'espère que vous savez cela ! Vous êtes encore en train d'apprendre et vous êtes encore en train de de croître dans le Seigneur.

J'étais surpris !

Je me souviens d'un jour où je me rendais à Tamale, une ville dans la partie nord du Ghana. Je conduisais avec les pasteurs de nos églises succursales de Kumasi, de Zurich et un pasteur canadien stagiaire. Sur l'autoroute, deux cyclistes traversèrent soudain devant moi.

J'ai dû freiner immédiatement afin d'éviter de les renverser. Quand je fis cela, ma voiture commença à déraper, et avant que je puisse dire ouf, on a été propulsé en l'air. La voiture atterrit finalement à quelque 30 mètres de la route. Nous étions littéralement à l'envers, avec les roues de la voiture en l'air !

Lorsque nous sommes tous sortis sains et saufs, je dois admettre que j'étais surpris – et presque en colère contre Dieu. Pourquoi Dieu devrait-il permettre qu'une telle chose nous arrive ? Ne savait-il pas que nous étions tous des pasteurs en route pour faire davantage de son œuvre ?

Cependant, quelques jours plus tard, l'Esprit de Dieu me révéla certaines choses en privé.

Une chose qu'Il me dit et que je peux vous dire fut : « Au lieu d'être en colère et surpris, tu devrais être reconnaissant que j'ai permis que cela se produise pour attirer ton attention sur quelque chose de très important pour ta vie et ton ministère ».

Vous ne pouvez peut-être pas comprendre cela maintenant, mais quand vous grandirez dans Christ, vous comprendrez de mieux en mieux.

De façon surprenante, Jésus n'a pas guéri tout le monde !

Quand Jésus était sur terre, Il n'a pas guéri tout le monde. Jésus est allé à la piscine de Bethsaïde, un endroit qui avait une foule de malades. (C'est l'équivalent d'un hôpital moderne).

Mais il ne guérit qu'un seul homme, qui avait été malade pendant 38 ans.

Pourquoi n'a-t-Il pas guéri tous les autres ? Jésus a dit : « Mon Père travaille, et je travaille ». Jésus voulait dire qu'il faisait exactement ce que Son père faisait. Faut-il s'étonner de ce geste de Christ ? **Il nous faut apprendre à avoir confiance dans la souveraineté de Dieu et ne pas être agacé par Lui.**

Les disciples furent surpris !

L'arrestation et la crucifixion du Christ ont *surpris* les disciples. Une semaine avant, Il s'était assis sur un âne et les foules L'avaient acclamé. Elles Le saluaient en chantant : « Hosanna, béni soit Celui qui vient au nom du Seigneur ! »

Les disciples savaient que c'était un grand homme. Mais une semaine plus tard, il fut tué sur la croix comme un criminel de droit commun.

Ils ont dû être très surpris. Comme nous le savons tous, ces disciples effrayés, surpris et déçus abandonnèrent leur Sauveur et se dispersèrent. C'est l'équivalent de la rétrogradation.

J'essaie de ne pas être surpris

Depuis que je suis pasteur, le mode de vie, les habitudes et les pratiques de certains dirigeants chrétiens m'ont surpris. Mais j'ai dû apprendre par moi-même à ne plus être surpris. Ce qui a été encore plus déconcertant est la *dualité* de certains ministres. Je me souviens d'un ministre qui parlait de s'adonner à la fornication presque comme s'il s'agissait d'un événement quotidien dans sa vie. Pourtant, cet homme était le pasteur d'une église. Maintes et maintes fois, j'ai dû rassembler toutes mes forces et décider de ne pas être étonné ou surpris par ce qui se passe autour de moi. Autrement, j'aurais peut-être maintenant quitté le ministère !

Décidez de ne pas être surpris, étonné, confus, perplexe ou même en colère contre certaines choses que vous voyez dans le Christianisme. Restez centré sur Christ et Sa Parole.

Être facilement offensé

Lorsque vous voyez quelqu'un qui est très susceptible, facilement blessé et offensé, vous regardez quelqu'un en rétrogradation potentielle.

Je me souviens d'un membre absent de l'église auquel nous sommes allés rendre visite. Nous voulions savoir pourquoi elle ne venait plus à l'église.

Elle nous dit qu'un jour, quand elle arriva en retard, les portiers la firent asseoir à la mauvaise place puis la firent ensuite changer de place. Cela était arrivé plus d'une fois. Elle s'offensa donc et décida de ne plus aller à l'église. Cette personne était offensée par le portier inexpérimenté, et elle quitta tout simplement l'église. Imaginez un peu !

Certains membres de l'église sont irrités parce que le pasteur ne semble pas se souvenir de leurs noms. D'autres sont offensés parce que le pasteur ne leur a pas dit bonjour quand il les a rencontrés en ville. Pensez-y un instant : pourquoi le pasteur ne dirait pas bonjour délibérément aux membres de son église ? Est-ce que cela a du sens ? Est-ce qu'il essaie de rassembler des gens ou de les disperser et de les offenser ? Ne serait-ce pas plutôt parce que le pasteur ne vous a pas reconnu ou qu'honnêtement il ne vous a pas vu ? Pensez-y !

Il est difficile de vivre avec une personne susceptible

Si vous épousez une personne susceptible, vous aurez toujours des problèmes. Ce sont eux qui se plaignent : « Pourquoi est-ce que vous n'avez pas souri aujourd'hui ? J'ai mis ma brosse à dents au milieu, pourquoi l'avez-vous déplacée vers la droite ? Comment se fait-il que la serviette soit humide ? Ne laissez pas ma serviette sur le lit. Pourquoi avez-vous mis mes chaussures ici au lieu de là ? » Il est très difficile de vivre avec des gens comme cela. Ce sont non seulement des partenaires difficiles, mais aussi des membres d'église difficiles pour le pasteur. Ils peuvent même s'offenser contre Dieu lui-même !

Mon père est mort pendant que je priais

Si je devais être facilement offensé, je n'aurais pas pu continuer dans le ministère. Il y a quelques années, j'ai voyagé hors du Ghana pour implanter une église à Zurich. Pendant que je jeûnais et priais pour établir l'œuvre de Dieu, mon père est mort chez moi au Ghana.

Tout au long de la semaine avant sa mort, il avait été gravement malade, mais je n'étais pas pleinement informé de ce qui se passait. Puis un jour, après que j'aie prié et jeûné pendant 5 jours et 5 nuits, mon père est mort à environ 11 heures du matin.

L'un de mes pasteurs associés m'appela pour m'informer de ce qui était arrivé. J'étais choqué et surpris. Et quand je raccrochai le téléphone, je pleurai comme un bébé.

J'avais toutes les raisons d'être fâché contre Dieu. N'étais-je pas sur en mission sur le terrain, en train de faire Son travail ? Je me consolai en pensant que petit à petit, je comprendrais mieux et vraiment, je n'ai pas été déçu par le ministère. Je continue mon chemin !

Si un chrétien est facilement blessé, il est susceptible de rétrograder !

Chapitre 6

Autres symptômes...

L'oubli

Dieu avertit les fils d'Israël : ...ET QUE TU N'OUBLIES le Seigneur... qui t'a fait sortir...

Deutéronome 8 :14

Les chrétiens abandonnent le Christ, car ils oublient d'où ils viennent. Ils oublient que leur source est le Christ. N'oubliez jamais que c'est le Christ qui vous a amené à votre position, et vous a béni.

N'oubliez pas d'où vous venez

Beaucoup d'entre nous ont oublié qui nous étions. Nous avons oublié ce que c'était d'avoir une gueule de bois le matin.

Nous avons oublié ce que c'était que d'avoir nos différentes copines en train de « se bagarrer ». Nous avons oublié la peur de ne pas savoir si nous avions contracté la gonorrhée ou le sida.

Souvenons-nous d'où le Seigneur nous a tirés. Quand nous avons acheté notre premier bâtiment d'église, nous étions tous très excités. Nous avons défilé de l'hôpital Korle-Bu à Accra jusqu'au nouveau lieu de notre siège, dans les chants et les danses. Le bâtiment était un ancien cinéma que nous avons transformé en une belle cathédrale. Vraiment, nous avons joué devant le Seigneur.

Quelqu'un qui me vit plus tard sur une vidéo se mit à rire et commenta : « Il semble que cette vieille salle de cinéma signifiait beaucoup pour vous ». Je lui répondis : « Vous ne savez pas d'où le Seigneur m'a tiré. Je n'ai pas oublié et je n'ai pas l'intention d'oublier ».

De nombreuses églises ont oublié la vision et les principes de leurs fondateurs. Elles ont oublié les idéaux et les principes que leurs pères fondateurs représentaient. C'est pourquoi beaucoup d'entre elles sont dans un état de rétrogradation. **Si certains fondateurs d'églises devaient ressusciter des morts maintenant, je crois que beaucoup d'entre eux ne feraient pas partie des églises mêmes qu'ils ont fondées. Les dirigeants actuels iraient même jusqu'à les rejeter.**

J'essaie toujours de me rappeler pourquoi j'ai embrassé le ministère. Pourquoi ai-je quitté la pratique noble et respectée de la médecine pour rejoindre ce travail souvent controversé et ridiculisé qu'est la position de pasteur ?

Ma motivation de départ était de gagner des âmes. Je garde cela au premier rang de mon esprit et je continue pour gagner plus âmes. Si j'oublie cela, je peux facilement glisser vers l'éducation, la médecine, le travail social ou même la politique. Celui qui oublie peut glisser vers des choses dans lesquelles il n'avait pas l'intention d'être impliqué.

Ne pas jeûner

Le jeûne empêche le croyant de rétrograder. Dans la Bible, le mot associé au jeûne est affliction. En fait, les mots *affliction* et jeûne sont interchangeables.

Pourquoi donc avons-nous JEÛNÉ... Pourquoi donc avons-nous AFFLIGÉ nos âmes...

Ésaïe 58 :3

Soyez AFFLIGÉS, et soyez dans le deuil, et pleurez...

Jacques 4 :9

Avant d'être AFFLIGÉ je m'égarais, mais maintenant j'ai gardé ta parole.

Psaume 119 :67

Comment pouvez-vous vous affliger ? Selon le psalmiste, une façon dont vous pouvez vous affliger est par le jeûne.

Le jeûne vous garde sur la bonne voie !

Il dit qu'avant de jeûner il s'égarait, mais quand il a jeûné il fut capable de garder la Parole de Dieu et de rester sur la bonne voie. Ils s'éloignent progressivement de Dieu.

Puis dans le Psaume 119 :71, il dit : « Il est bon pour moi que j'aie été affligé, afin que j'apprenne tes statuts ». Pensez-vous que Dieu dise qu'il est bon d'avoir une maladie ? Affliction dans ce sens n'est pas une maladie. Dans ce contexte, Dieu dit qu'il est bon pour le chrétien de jeûner.

Le jeûne te rend humble !

Un autre mot qui est associé avec le jeûne est l'humilité. Dans Jacques 4 :10, le Verbe de Dieu dit : « Humiliez-vous devant le Seigneur, et Il vous élèvera ». Quand le psalmiste jeûne dans le Psaume 35 :13, il dit : « J'humiliais mon âme par le jeûne ». **Porter la Bible de votre pasteur, parler doucement ou marcher lentement ne sont pas des signes d'humilité.** Dieu dit que vous pouvez vous humilier par le *jeûne*.

Durant un jeûne, en particulier lorsque vous n'avez pas mangé depuis plusieurs jours, vous ressentez une extrême faiblesse dans votre corps. Ce genre de souffrance dans la chair vous rend plus frugal. Cela vous rend humble. Et s'il y a quelque chose dont nous avons besoin dans cette ère moderne du christianisme, c'est l'humilité. **Souvenez-vous que l'orgueil vient avant une chute, et le jeûne ôtera la fierté qui en conduit beaucoup à la chute.**

En tant que croyant, vous devez jeûner, sinon votre chair vous dominera et vous entraînera dans les péchés de la chair. Avoir un esprit charnel, c'est la mort.

Certains problèmes ne seront résolus que lorsque vous jeûnerez

Une autre raison en faveur du jeûne, c'est qu'il y a certains problèmes qui ne peuvent être résolus que par le jeûne. Certains ont des problèmes qui vont les faire rétrograder.

Certains de ces problèmes qui conduisent à la rétrogradation doivent être résolus par le jeûne. Jésus a dit à ses disciples après qu'ils ne soient pas arrivés à soigner un épileptique :

...CETTE SORTE ne sort que par la prière et par le JEÛNE.

Matthieu 17 :21

Jésus voulait dire ici que tous les problèmes ne sont pas les mêmes. Certains problèmes difficiles ne peuvent être résolus que par le jeûne. Il n'est pas étonnant que les chrétiens qui ne jeûnent pas soient alourdis par toutes sortes de problèmes.

Même l'hiver ne devrait pas empêcher les chrétiens de jeûner. J'ai entendu des chrétiens en Europe et en Amérique se plaindre qu'il n'est pas possible de jeûner en hiver. C'est possible.

Au cours de plusieurs de mes exercices d'implantation d'églises, j'ai dû jeûner en hiver.

Je me souviens un jour quand un frère m'a rendu visite et s'est rendu compte que je jeûnais ; il n'arrivait pas à y croire. Il me demanda : « Comment pouvez-vous jeûner quand il fait si froid ? » Il m'expliqua que manger aide à avoir chaud.

Le jeûne empêche le froid spirituel

Mais c'est la raison même pour laquelle beaucoup de chrétiens africains qui vivent en Europe et en Amérique sont bien loin de ce qu'ils étaient dans leur propre pays. Ils ont cessé de jeûner pour diverses raisons et sont devenus spirituellement froids.

Le jeûne n'est pas une option. Jésus dit dans Matthieu 6 :16 – « Quand vous jeûnez... . » Il n'a pas dit si vous jeûnez. Cela signifie qu'Il attend de nous que nous jeûnions.

Le jeûne a ses récompenses. Dans Ésaïe 58, Dieu a énuméré quelques-unes des récompenses du jeûne.

Alors ta lumière éclorera comme l'aube du jour, et ta SANTÉ surgira rapidement...Alors tu appelleras, et le Seigneur répondra ; tu crieras, et il dira : Je suis ici...

Ésaïe 58 : 8-9

L'une des récompenses du jeûne est que vous allez rester spirituellement en bonne santé.

Jeûner moins

Le symptôme suivant d'une personne qui rétrograde est quand la personne jeûne moins. Le jeûne est un exercice spirituel qui nous maintient en alerte.

Plus vous jeûnez, plus vous générez d'énergie spirituelle. Plus vous jeûnez, plus vous serez spirituellement en forme. Si vous aviez avant l'habitude de jeûner régulièrement, mais que vous jeûnez désormais moins, c'est un signe possible indiquant que vous devenez « froid ».

Le jeûne n'est pas une option

Le prophète Daniel avait quatre-vingts ans quand il jeûna pendant trois semaines. Même enceinte, une chrétienne ne devrait pas pour autant abandonner le jeûne. Pendant la grossesse, vous devriez être en mesure de jeûner dans une certaine mesure tout en restant en bonne santé. « Le bébé peut devenir oint et grandir encore plus ».

Jeûner moins est un signe que votre investissement dans les choses spirituelles se réduit progressivement.

La colère quand on vous corrige

Tout croyant qui se met en colère quand on le corrige doit être étroitement observé.

Ne reprends pas le moqueur, de peur qu'il ne te haïsse ; reprends le sage, et il t'aimera.

Proverbes 9 : 8

Un sage sera heureux d'être corrigé parce qu'il réfléchira et se rendra compte qu'on l'a aidé. **Souvent, la vérité est douloureuse.** Quand Jésus dit à la foule dans Jean 8:44 : « ...vous êtes de votre père le diable... », ils furent offensés.

Jésus appela Pierre Satan

À une occasion, Jésus s'adressa à Pierre et lui dit : « Va-t'en derrière moi, Satan ». Notez que Pierre ne fut pas en colère d'être appelé Satan. Après cette réprimande, Pierre continua et devint le grand homme de Dieu qui prêcha à des milliers !

Un ami à l'école dit à quelqu'un qui l'irritait : « Satan, va-t'en derrière moi ». Cette personne fut *étonnée, surprise et très offensée* d'être appelée « Satan ». Sa réaction fut très différente de celle de Pierre !

Je n'ai jamais fait référence à quelqu'un en l'appelant Satan (même si j'ai vu beaucoup de gens se comporter exactement comme le diable). Je me demande ce qui arriverait si j'osais corriger quelqu'un en l'appelant Satan . Il exploserait sans doute de colère !

Le musicien ne fut pas offensé

Lors d'une visite à l'une de mes églises succursales, un instrumentiste était très grossier envers son chef de chœur. Le pasteur en charge réprimanda sévèrement ce musicien. De mon côté, j'observai cette scène en silence, en me demandant ce qui allait arriver.

Heureusement, ce musicien ne se mit pas en colère contre la réprimande de son pasteur et il va bien encore aujourd'hui. Je connais certains musiciens qui seraient partis après ce genre de correction.

Mieux vaut un enfant pauvre et sage qu'un roi vieux et insensé, qui ne sait plus être admonesté.

Ecclésiaste 4 :13

Un bon père vous corrigera

Dieu nous a donné des pères et des mères pour nous corriger et nous conseiller. Vous devriez remercier Dieu si vos parents sont en vie.

Il y a beaucoup de gens qui n'ont pas de pères forts pour les guider. Ces gens-là s'égarent souvent. Ma femme me dit qu'elle voulait être secrétaire pour les mauvaises raisons, mais son père la conseilla. Il l'encouragea à étudier le droit. Aujourd'hui, elle est contente d'avoir suivi les conseils de son père et d'être devenue avocate.

Ceux qui n'ont pas de bons parents pour les guider et les corriger sont dans une situation désavantageuse. **La correction vous aidera à rester sur la bonne voie, alors ne soyez pas en colère quand on vous corrige !**

Permettre aux soucis du monde d'étouffer la Parole

Et les soucis de ce monde… étouffent la parole, et elle devient infructueuse.

Marc 4 :19

Jésus raconta l'histoire d'un semeur qui sortit pour semer. Certaines semences tombèrent au bord du chemin, certaines sur un sol pierreux, certaines parmi les épines et le reste dans une bonne terre.

Jésus compara les quatre types de sols à quatre types de cœurs. Dans un cœur, les épines étouffèrent la parole. Dans un autre, le cœur était comme une pierre, donc la Parole ne put entrer. Dans un autre cœur, la Parole tomba dans l'oubli.

Seulement 25% des semences survivront

C'est seulement le cœur bon qui a porté du fruit. **Cette histoire implique que seulement environ un quart de tous**

ceux qui entendent la Parole de Dieu demeureront finalement en Christ et porteront du fruit.

Que sont les soucis du monde ? Payer vos dettes, vos factures, et toutes les responsabilités qui accompagnent la vie de famille font partie de ces « soucis ».

Il n'y a rien de mal à payer vos factures ou à vous occuper de votre famille. En fait, si vous avez une femme ou une famille, vous devez vous occuper d'eux. Le devoir d'un mari est la communion avec sa femme et prendre soin de ses enfants. Ce sont des défis légitimes auxquels tout le monde devra faire face.

Dieu nous met en garde contre le fait d'être trop accablé par ces responsabilités. Ces soucis ne devraient pas dominer nos vies. **Quand ils commencent à dominer votre vie, vous êtes en danger de rétrogradation.**

En tant que pasteur, j'ai observé que lorsque les chrétiens obtiennent de nouveaux emplois, ils y deviennent très absorbés – au détriment de leur vie spirituelle. Parfois, en raison de ces nouveaux emplois, ils ne vont plus à l'église, ni n'ont plus le temps de recueillement. Les soucis du monde ont commencé à provoquer une rétrogradation.

Le 'souci' de tout élève est de réussir ses examens, mais Dieu ne devrait pas être exclu de votre vie à cause de vos livres.

En tant qu'étudiant en médecine, j'ai réussi à concilier mes travaux scolaires avec mon travail pastoral. Pendant des années, j'étais à la fois étudiant et pasteur. Je n'ai jamais mis la Parole ou l'œuvre de Dieu de côté à cause de mes études.

Dans mon ministère, j'ai eu des étudiants en médecine qui exerçaient fidèlement un ministère dans de grandes succursales de l'église. Ce n'est pas une tâche impossible. En tant qu'étudiant en médecine, j'ai souvent demandé : « Est-ce qu'être étudiant en médecine est une malédiction ? Est-ce que cela veut dire que je ne peux plus servir Dieu ? Est-ce que cela veut dire que je dois rétrograder ? » La réponse est non ! Être étudiant en médecine est juste un autre 'souci' de ce monde que l'on ne doit pas laisser étouffer la Parole et l'œuvre de Dieu.

Ne rétrogradez pas parce que vous êtes enceinte

Un nouveau-né ou une grossesse ne devrait pas vous faire rétrograder. D'autres chrétiens y sont arrivés, et donc vous pouvez aussi y arriver !

Quand notre premier fils est né, je l'ai emmené à l'église quand il n'avait que **sept jours**. J'avais un rendez-vous de prédicateur à honorer, et je dus y aller avec ma femme et mon fils nouveau-né. Je me souviens comment nous avons porté notre bébé de sept jours dans le froid dans les bus et dans les rues afin d'arriver à temps à ce rendez-vous de prédicateur à Genève.

Mon bébé n'est pas mort. Le vôtre ne mourra pas non plus, si vous continuez de faire le travail du Seigneur. Je suis désolé de dire que de nombreuses nouvelles mères sont des chrétiennes en rétrogradation, parce qu'elles laissent les soucis du monde d'étouffer leur vie chrétienne.

Laisser les richesses étouffer la Parole

…et la séduction des richesses…étouffent la parole, et elle devient infructueuse.

Marc 4 :19

Ceux qui sont très riches ont certains problèmes que les plus pauvres n'ont pas. Ces problèmes des riches tendent à les éloigner de l'église.

Lorsque nous avons acheté la propriété de la cathédrale Lighthouse, nous avons rencontré un problème nouveau que nous n'avions pas eu avant. Nous avons dû penser à la sécurité ! Nous n'avions pas pensé à la sécurité avant, parce que nous n'avions jamais eu de biens à protéger.

J'ai remarqué que lorsque les gens ont plus de succès, ils ont tendance à rester à l'écart de l'église. Quand le Seigneur vous bénit, ne faites pas l'erreur de laisser les responsabilités associées à de nouvelles bénédictions étouffer la Parole.

Souvenez-vous que c'est Dieu qui vous a donné le pouvoir d'acquérir des richesses. **Dieu, en vous bénissant, n'avait pas l'intention de vous éloigner de Lui !**

Il est rare de voir les soi-disant « gros bonnets » aux réunions de prière et aux croisades. Ils ne participent pas aux assemblées de prière qui durent toute la nuit, sans doute parce qu'ils sont fatigués par tout le travail qu'ils font ou parce que leur temps pourrait être consacré à quelque chose de « rentable » !

Apprenez à garder la ferveur malgré les nouveaux trésors que vous venez de trouver. Ne laissez pas vos richesses évincer le Seigneur.

La convoitise du monde

...et les convoitises des autres choses étant entrées, étouffent la parole, et elle devient infructueuse.

Marc 4 :19

La convoitise de toute autre chose que la Parole de Dieu est dangereuse. Elle peut ruiner votre vie parce que vous sacrifierez tellement de choses pour obtenir ce que vous voulez.

Il y a des chrétiens qui sacrifieront n'importe quoi pour rouler en Mercedes Benz. Ils voleront, ils tricheront et ils mentiront pour en posséder une. Ces croyants ont un fort désir d'obtenir *n'importe quelle* possession matérielle, et ils feront tout leur possible pour l'avoir.

Ce fort *désir irrésistible* est ce que Dieu appelle la convoitise. Mais la convoitise est dangereuse ! Elle détruit.

...ayant échappé à la CORRUPTION qui règne dans le monde par la CONVOITISE.

2 Pierre 1 :4

C'est la convoitise qui a permis à la corruption d'entrer dans le monde.

Les gouvernements sont souvent corrompus à cause des fonctionnaires qui ont de forts désirs d'acquérir certains biens.

Ces fonctionnaires reçoivent des pots de vin en échange de faveurs illégales.

Ils reçoivent également des dons et des documents en échange de la signature de contrats fictifs qui ruinent les économies de nations entières. **La convoitise** (désirs forts) **corrompt les gens.**

Désirer la volonté de Dieu

En tant que ministre, j'ai appris à ne pas avoir un fort désir envers quoi que ce soit de particulier. Cela peut facilement détruire votre ministère. Remarquez, j'ai aussi des désirs, mais ils sont soumis à la Parole de Dieu en moi. Le désir le plus fort dans la vie chrétienne devrait être que la volonté de Dieu l'emporte.

…Prenez garde, et méfiez-vous de la convoitise ; car la vie d'un homme ne consiste pas dans l'abondance des biens qu'il possède.

Luc 12 :15

Rien ne vaut la peine de sacrifier votre christianisme. Vous ne vivrez (ou mourrez) que pour le regretter. **Si vous voyez quelqu'un qui a un très fort désir de choses matérielles, vous regardez un chrétien en rétrogradation potentielle.** Un jour, le diable vous appâtera en agitant cette chose sous vos yeux, et vous abandonnerez peut-être le Christ pour l'obtenir.

Certaines chrétiennes veulent désespérément un mari, et elles enfreignent donc toutes les règles, et sacrifient tout principe moral afin d'en obtenir un. D'autres veulent désespérément un enfant. Et elles iront jusqu'à avoir des relations sexuelles avec d'autres hommes si leurs maris sont stériles.

Il dit : « Je ne fais confiance à aucune femme ».

Un jour quand je travaillais à l'hôpital, un ami médecin m'expliqua que son travail dans le service de gynécologie l'avait amené à se méfier des femmes. Il dit qu'il avait vu des patientes qui, quand elles se sont rendu compte que leurs maris étaient stériles, étaient allées de l'avant et avaient sacrifié leurs vœux de mariage afin de devenir enceintes. Il raconta comment un mari était rentré chez lui en pleurant de joie après que sa femme ait eu un bébé.

Il s'étonnait : « Cet homme ne savait pas que sa femme l'avait trompé et avait eu un enfant d'un autre homme ».

Ne laissez pas votre envie de biens matériels vous faire rétrograder.

Une conscience de mauvaise qualité

Une personne qui n'a pas une bonne conscience est en rétrogradation potentielle. Une bonne conscience est nécessaire pour rester sur la bonne voie. C'est le symptôme suivant de la rétrogradation que je veux considérer.

Gardant la foi et une BONNE CONSCIENCE, quelques-uns l'ayant rejetée, ont fait naufrage quant à la foi ; De ceux-là sont Hyménée et Alexandre, que j'ai livrés à Satan, afin qu'ils apprennent à ne pas blasphémer.

1 Timothée 1 :19-20

Deux membres de l'église, Hyménée et Alexandre, rejetèrent la foi et une bonne conscience, et ainsi ils firent naufrage quant à leur vie chrétienne. Tant que nous rejetons notre conscience, nous avons la capacité de faire un mal de plus en plus grand jusqu'au jour où nous abandonnerons Dieu.

Votre conscience est une voix – Protégez-la !

La conscience est la voix de ce qu'il y a de meilleur en l'être humain (qu'il s'agisse d'un chrétien ou d'un non chrétien). **C'est la conscience d'un homme qui essaie de l'empêcher de faire le mal.** Il est important d'avoir une bonne et forte conscience (voix intérieure). Vous pouvez avoir soit une forte conscience, soit une faible conscience.

Paul, le grand apôtre, dit qu'il avait une bonne conscience. Il a également révélé qu'il avait toujours gardé une bonne conscience, même en tant que non croyant.

J'ose dire que certains non croyants ont une meilleure conscience que certains chrétiens.

Lorsque notre conscience s'endurcit, il est difficile pour Dieu de nous parler. J'ai toujours essayé d'avoir une bonne conscience, parce que je connais le danger d'une conscience endurcie.

C'est cette conscience qui ne me laisse pas tranquille chaque jour et m'empêche de rétrograder.

Lorsque votre conscience a disparu, cette partie de vous qui est en mesure d'arrêter la rétrogradation disparaît également. Vous n'êtes plus touché par l'onction, par la Parole de Dieu, par la prédication ou par l'Esprit Saint.

Votre conscience est comme la paume de votre main. Certains d'entre nous ont des mains douces, tandis que d'autres ont des mains dures. Vos mains s'endurciront, et la douceur disparaîtra lorsque vous ferez un travail dur avec vos mains. **De la même façon, votre conscience s'endurcit quand vous continuez à pécher sans vous repentir.**

Lorsque les croyants deviennent indifférents aux sollicitations de Dieu, c'est un signe dangereux.

Aucun prédicateur ne pouvait l'atteindre

Un de mes amis pasteur dont la famille entière est sauvée, sauf un frère, m'a raconté son histoire. Il raconta que sa mère avait emmené son frère à tant de petits-déjeuners de Plein Évangile qu'il s'était endurci.

Il avait entendu de nombreux témoignages de plusieurs conférenciers, mais ils n'avaient plus d'impact sur sa vie. En fait, il savait quand le conférencier allait faire un appel à l'autel. Il savait même dans quel ordre les points du programme se succédaient.

Beaucoup de chrétiens peuvent mentir et leur conscience ne les tourmentera plus. Certains d'entre eux peuvent même inventer de fausses histoires sans sourciller.

La rétrogradation

J'ai entendu parler de pasteurs qui disent qu'ils prêchent au mieux après avoir forniqué. **La différence entre ces pasteurs et vous est juste un processus progressif d'endurcissement.** Vous vous endurcissez de plus en plus quand vous avez l'habitude de pécher. Puis à un moment donné, quand vous péchez, cela ne vous dérange plus.

Vous pouvez commettre des péchés plus ou moins importants selon votre conscience. Si vous avez une conscience très sensible, les péchés que vous pouvez commettre seront de « petits » péchés. Mais quand votre conscience s'endurcit et s'use davantage, votre capacité à commettre des péchés « plus déchaînés » se développe.

Je me moque d'aller au paradis ou en enfer

Récemment, j'étais assis devant un homme riche et je lui dis : « Vous devez être prêt à rencontrer votre Dieu n'importe quand ». Il était avec deux de ses riches amis. Il répondit qu'il n'était pas préparé, mais que vraiment il s'en moquait.

Lorsque vous arrivez au stade où vous vous moquez d'aller au ciel ou en enfer, alors vous êtes en danger. Peut-être, quand vous étiez plus jeune, vous vous en seriez soucié, mais maintenant, vous êtes tellement endurci que vous ne vous en souciez plus.

Tout chrétien doit avoir une conscience sensible. Ne vous habituez pas au péché. N'en arrivez pas au stade où vous ne vous en souciez plus. **Soyez sensible aux petites suggestions de la voix intérieure, afin de ne pas rétrograder !**

Chapitre 7

Encore d'autres symptômes...

Prier moins

Le symptôme suivant de rétrogradation que je veux que nous examinions est le fait de prier moins.

Jésus a dit : « **Priez pour ne pas tomber en tentation** ».

La prière nous empêche de nous éloigner de Dieu. Tous ceux avec qui vous prenez le temps de parler deviennent proches de vous. De la même manière, tout chrétien qui passe du temps à parler à Dieu deviendra proche de Lui. **Il s'ensuit que si vous ne passez pas de temps à prier Dieu, vous serez loin de Lui.**

C'est l'un des principes qui expliquent comment les gens peuvent avoir des aventures extra-conjugales. Beaucoup d'entre nous oublient que si vous communiquez continuellement avec quelqu'un, il ou elle devient proche de vous.

Vous pouvez sans le savoir tomber amoureux d'un homme ou d'une femme qui n'est pas votre partenaire.

Passer du temps avec quelqu'un vous rend proche, que vous ayez l'intention d'être proche ou non. Alors, quand un chrétien passe moins de temps à prier, il s'éloigne de Dieu sans le savoir.

Le jour où j'ai rencontré *une femme étrange*

Quand vous priez, Dieu vous donne la force de surmonter les tentations. Il vous fortifiera pour que vous fassiez Sa volonté et ne l'abandonniez pas. Il y a plusieurs années, Dieu savait que j'allais faire l'expérience d'une grave épreuve pour ma foi chrétienne, alors Il me réveilla tôt le matin pour prier.

Les langues coulaient de mon esprit comme un fleuve et je savais que quelque chose n'allait pas, alors j'ai prié davantage. Je m'allongeai sur le sol et continuai ma prière. En tant que jeune chrétien, je priais normalement une heure par jour, mais cette fois je priai pendant plus de trois heures. Et ce jour-là, j'ai rencontré une femme étrange.

Dans les Proverbes, la Bible nous parle d'un jeune homme qui a rencontré une femme étrange. J'ai fait une expérience similaire.

Et voici, une femme vint à sa rencontre, habillée comme une prostituée et la ruse dans le cœur.

Proverbes 7 :10

Je n'avais aucune idée de ce que cette chrétienne avait en tête. Mais ce jour-là, je vous le dis mon ami, Dieu m'a délivré ! Je crois que ma délivrance a été étroitement liée au temps que j'avais consacré à la prière ce matin-là. J'étais très fort. D'où venait cette force ? Jésus a dit à Ses disciples de prier, sans quoi ils pourraient connaître la tentation.

Le Seigneur m'a donné la force à travers la prière. **Si vous voyez un chrétien qui ne prie pas, vous regardez un chrétien qui tombera de tentation en tentation, jusqu'à ce qu'il finisse par rétrograder.**

Ne pas être engagé

Le symptôme suivant de rétrogradation que je veux que nous examinions est le symptôme du manque d'engagement. Toute personne qui ne veut pas être engagée dans une église finira par quitter cette église.

Il existe d'innombrables chrétiens qui se contentent de visiter les églises, mais qui ne sont engagés dans aucune d'entre elles. Ce sont des « chrétiens spectateurs ». Ils observent pour voir quelle tournure prendront les choses le mois prochain. S'ils ne sont pas vraiment satisfaits du pasteur ou de ses sermons, ils iront dans une autre église.

Dieu attend du croyant qu'il soit comme un arbre planté près des fleuves. Les fleuves sont les messages puissants et en mesure de changer votre vie, qui proviennent de la chaire tous les dimanches. Tout chrétien doit être planté dans la maison du

Seigneur. **Vous devez avoir un pasteur dont vous vous sentez proche. Dieu nous a créés d'une manière spéciale de sorte que nous sommes comme des brebis qui ont besoin d'un berger.** Vous avez besoin de trouver votre place quelque part !

Je me souviens d'un ami qui rentra finalement chez lui après avoir séjourné en Europe pendant un certain temps. Il ne voulait se joindre ni à cette église-ci ni à celle-là. Tout simplement, il n'était engagé nulle part. Il allait ici aujourd'hui et là demain. **À un moment donné, je dus lui rappeler que c'est seulement le diable qui va et vient selon le Livre de Job ! Un chrétien non engagé est en rétrogradation potentielle.**

La fréquentation irrégulière de l'église

Le symptôme suivant est celui de fréquenter l'église de manière irrégulière. Je pense que c'est l'un des symptômes les plus importants. C'est en fait l'un *des plus communs.*

Votre cœur est censé battre à intervalles réguliers. Mais malheureusement, certains ont un rythme cardiaque irrégulier. Cela signifie que lorsque leur cœur bat bien une ou deux fois, c'est suivi par un battement irrégulier. Un rythme cardiaque irrégulier peut être *régulièrement* irrégulier ou *irrégulièrement* irrégulier. S'il vous plaît, essayez de comprendre ce que je dis.

Êtes-vous irrégulièrement irrégulier ?

Un patient avec un rythme cardiaque *irrégulièrement* irrégulier souffre de ce qu'on appelle fibrillation auriculaire et subit des symptômes tels que l'évanouissement et les palpitations. Pour empêcher la mort, le cœur de ces gens doit être stabilisé.

Malheureusement, il y a beaucoup de chrétiens qui ont ce problème d'irrégularité dans leur parcours spirituel. Cette irrégularité est soit *régulière,* soit *irrégulière.* Leur fréquentation de l'église peut être régulièrement (constamment) irrégulière. (Par exemple, ils ne viennent *constamment* à l'église qu'une ou deux fois par mois).

Pour certains, la fréquentation de l'église peut être irrégulièrement irrégulière. Pour ces personnes, la fréquentation de l'église peut être *totalement imprévisible* tout au long de l'année. Le pasteur ne peut pas prédire quand ils viendront de nouveau à l'église. **Pouvez-vous imaginer la situation si vous ne saviez pas quand viendra le prochain battement de votre cœur ?**

Les sermons à la télévision et à la radio ne peuvent remplacer une fréquentation régulière. Vous devez avoir une église particulière que vous fréquentez régulièrement. Observez les chrétiens irréguliers. Vous remarquerez qu'ils ont tendance à rétrograder. Mais en nourrissant régulièrement votre esprit, vous risquez moins de rétrograder.

La paresse et les excuses

Le symptôme suivant que vous devez surveiller, c'est la paresse et les excuses.

L'homme paresseux dit : Il y a un lion dehors, je serai tué dans les rues.

Proverbes 22 : 13

Le chrétien paresseux est plein d'excuses étonnantes. Il dirait qu'il ne pouvait quitter son lit à cause d'un lion imaginaire dans la rue. **Une telle personne n'arrivera pas à grand-chose, parce que toute personne qui veut réussir doit être prête à travailler dur !**

Le travail dur produit la réussite

Quand j'étais à l'école *Achimota*, je réussis les examens du niveau secondaire avec mention. Cela n'arriva pas par hasard. J'ai dû travailler très dur. Pendant que certains étudiants jouaient, j'étudiais très dur.

La troisième année de mes études de médecine, j'ai obtenu une autre mention. Alors que je préparais cet examen, je n'ai pas dormi de la nuit pendant six semaines. Je dormais l'après-midi entre 14 heures et 18 heures. Puis à partir de 18 heures jusqu'au lendemain 14 heures, je ne dormais pas. Je faisais des promenades, en mémorisant et révisant mes cours.

Je me revois faire les cents pas dans le bloc 'R' du foyer des étudiants en médecine, mémorisant toutes sortes d'informations sur les vers, les mouches et les insectes : ce ver pond tant d'œufs par minute, cet insecte vole à telle vitesse par seconde, il plonge à cet angle dans l'eau, etc.

Lorsque les autres élèves dormaient, je marchais derrière leurs salles mémorisant des informations sur les vers, les crabes, les scorpions et toute autre créature que je devais étudier.

Lorsque vous voyez quelqu'un réussir en tant que chrétien, ou qui a de bons résultats dans n'importe quel domaine, c'est qu'il doit travailler dur !

As-tu vu un homme diligent dans son travail ? Il se tiendra devant les rois, il ne se tiendra pas devant des hommes médiocres.

Proverbes 22, 29

Tous ceux qui réussissent ne sont pas bénis par magie ; leur succès vient du fait qu'ils travaillent très dur. De la même façon, ce n'est pas simplement par miracle que ceux qui ne rétrogradent pas parviennent à maintenir le cap. Ils travaillent dur pour leur vie chrétienne !

L'Église Lighthouse Chapel International va bien parce que tant de personnes différentes contribuent à la croissance de l'église. Il y a des pasteurs qui travaillent très dur et quittent souvent les locaux de l'église très tard. Il y a aussi des bénévoles non rémunérés qui font de gros sacrifices de temps. C'est ce grand engagement qui fait fonctionner l'église.

La paresse ne conduira personne au Ciel. *Vois-tu un homme paresseux ? Il peut facilement aller en enfer !* Il faut travailler dur pour rester sur la bonne voie avec Dieu.

Regardez les chrétiens paresseux dans l'église ; ils sont enclins à la rétrogradation !

La froideur

La froideur est le symptôme suivant de rétrogradation que je veux que nous considérions.

Et parce que l'iniquité abondera, l'amour de beaucoup se REFROIDIRA.

Matthieu 24 :12

Vous pouvez détecter la froideur en identifiant d'abord le « *manque de chaleur* » dans l'église.

Les chrétiens diplomates

Certains chrétiens « manquent de chaleur » dans la maison du Seigneur. Ils refusent de participer à la louange et à l'adoration jubilante. Ils ne s'associent pas aux cris de joie ou aux applaudissements pour le Seigneur.

Ils refusent tout simplement de perdre le contrôle en présence du Seigneur. **J'appelle ces gens des « chrétiens diplomates ».** À tous ces gens-là, je dis : il n'y a pas de place pour la diplomatie dans le christianisme !

Si vous voulez que Dieu soit attiré par vous, alors soyez comme le roi David. David perdit toutes ses inhibitions quand il dansa devant le Seigneur. Sa façon de danser ne manquait pas de chaleur. **En fait, il dansa jusqu'à ce que ses vêtements tombent !**

Le chrétien qui rétrograde n'a pas de joie quand il s'exprime devant le Seigneur. Pour lui, c'est gênant de lever les mains vers le Seigneur ou de crier avec une voix de triomphe. Il est étonnant de voir ce même chrétien « sans chaleur » perdre sa « tiédeur » lorsque son équipe de football préférée joue. Il crie, hurle et bat des mains lorsqu'un but est marqué.

J'ai remarqué que lorsque les chrétiens rétrogradent, ils se tiennent d'abord à l'écart et deviennent diplomates et indifférents.

Ils bâillent, ils ont l'air de s'ennuyer et n'arrêtent pas de regarder leurs montres pendant le service. Ce sont des manifestations de ce que j'appelle la « froideur » ou le « manque de chaleur ». Guettez-les, ce sont de sûrs signes de rétrogradation imminente.

Des questions insensées

Des questions insensées sont un autre symptôme de rétrogradation.

Mais évite les questions insensées, et stupides... elles suscitent des querelles.

2 Timothée 2 : 23

Quelqu'un demanda : « Qui a fait Dieu ? »

Une autre personne dit : « Je viendrai à l'église si vous pouvez me dire qui était la femme de Caïn » (en référence au premier fils d'Adam et Ève).

La réponse à cette question particulière est très simple. Mais c'est une question stupide de toute façon. Vous voyez, le problème n'est pas qui a épousé Caïn ; le vrai problème est votre tendance à rétrograder ! Vous voulez maintenant trouver une raison de douter de l'authenticité de la Bible !

Le problème vient de vous

D'autres demandent : « Pourquoi les pasteurs conduisent-ils de belles voitures ? » Encore une fois, le problème n'est pas la voiture du pasteur ou combien les pasteurs sont payés. **Le problème est que vous rétrogradez et essayez de trouver quelque chose à redire dans votre église.** Vous avez désespérément besoin de trouver une raison pour justifier vos actions.

Ce sont des questions insensées, un symptôme classique d'un chrétien qui rétrograde. Bien sûr, je ne suis pas contre le fait de poser des questions légitimes. Mais il y a une différence entre une question *authentique* et une question *insensée*. **Méfiez-vous de ceux qui inventent toutes sortes de critiques et de commentaires sur l'église et ses ministres.** Ils ont souvent un motif caché.

N'avoir aucune ambition spirituelle

Un autre symptôme de rétrogradation est le fait de ne pas avoir d'ambition spirituelle. En tant que croyant, si vous n'allez pas de l'avant, vous reculerez. Si vous n'avez pas en vous l'ambition de progresser dans le Christ, vous aurez un problème.

J'ai remarqué que les chrétiens qui n'ont pas d'ambition spirituelle ont tendance à « se refroidir » et à finalement abandonner. Paul avait une vision pour aller de l'avant.

> ...mais je fais cette chose : oubliant ces choses qui sont derrière... Je POURSUIS vers le but, pour le prix de l'appel d'en haut...
>
> **Philippiens 3 :13-14**

Nous devons oublier le bien et le mal et aller de l'avant. Nous avons tous eu de bonnes et de mauvaises expériences dans notre vie. Mais nous devons les oublier et aller de l'avant. Certains chrétiens s'accrochent au passé. Ils racontent des histoires sur les grands exploits que Dieu fit en se servant d'eux dans le passé.

Vous ne pouvez pas simplement vous contenter de ce qui s'est passé il y a des années. Qu'en est-il du présent ?

Pourquoi Dieu se sert-Il de vous aujourd'hui ? C'est maintenant qu'il faut servir les autres.

> **Car lorsque vous devriez être des professeurs, vous avez encore besoin qu'on vous enseigne...**
>
> **Hébreux 5 :12**

Une chose qui m'a empêché d'abandonner est ma poursuite de réalisations spirituelles. Vous devez avoir un cœur spirituel, qui vous poussera à vous lever et à aller de l'avant pour servir les autres.

La plus grande bénédiction que vous puissiez recevoir est de devenir une bénédiction vous-même. Dieu promit à Abraham qu'Il le bénirait tellement que lui-même deviendrait une bénédiction.

Je ne pouvais pas prêcher

Il y eut un temps dans ma vie où je ne pouvais pas prêcher. Mais je n'en suis pas resté là. Je me suis agenouillé devant un frère chrétien mûr et lui ai demandé de m'imposer les mains pour que je puisse prêcher. Après cette prière, je commençai à prêcher. Je me tins devant de petits groupes et me mit à les servir par le ministère.

Vous avez peut-être aussi le même problème ou vous vous sentez très timide pour parler en public. Agissez avec foi en parlant de la Parole avec quelques personnes, et vous serez surpris de ce que Dieu peut faire. Cela vous empêchera de rétrograder.

Un chrétien devrait avoir l'ambition d'être utile dans la maison de Dieu. Beaucoup de gens ne souhaitent pas être grands dans la maison de Dieu. À l'opposé, vous serez surpris du nombre de croyants qui ont soif d'être millionnaires.

Ils cherchent toutes les occasions d'être grands dans le monde séculier. Cependant, quand il s'agit des choses de Dieu, ils n'ont pas de dynamisme.

J'ai toujours rêvé d'être prédicateur. J'ai écouté et regardé d'autres prédicateurs. J'avais l'habitude de rentrer à la maison après l'université et de regarder des vidéos de prédication. J'ai investi temps et argent pour atteindre mon but. C'est pourquoi je n'ai jamais rétrogradé.

Pasteurs ! Veillez sur les brebis qui n'ont pas de dynamisme spirituel.

La curiosité

Le symptôme suivant de rétrogradation à noter est le symptôme de la curiosité.

La curiosité ne tue pas seulement les chats !

Le dicton anglais dit que la curiosité tue le chat. Mais dans un autre sens, la curiosité tue aussi de nombreux chrétiens. Le diable fait croire à certains chrétiens qu'il leur manque quelque chose. Ils deviennent ainsi curieux et veulent faire l'expérience de ces domaines interdits.

Certains diront : « Je n'ai jamais goûté à l'alcool de toute ma vie. Je veux savoir ce que c'est que d'être ivre ».

D'autres diront : « Je ne me suis jamais drogué avant et je veux savoir ce que c'est que de 'planer' ». Il se peut que vous découvriez seulement ce que c'est que d'être fou ! Vous pouvez développer une schizophrénie provoquée par la marijuana.

J'étais avec mon patron dans un cabinet de consultation à l'hôpital psychiatrique un jour, quand une mère amena son fils. Ce garçon avait fait des expériences avec de la marijuana.

Le psychiatre fit faire le tour de l'hôpital psychiatrique à ce jeune garçon. Il y avait des hommes dans de petites alcôves qui faisaient divers bruits étranges. Il y avait des endroits spéciaux pour des hommes très sauvages et fous. Cela me rappela le zoo.

Le psychiatre avertit ce jeune garçon que s'il continuait à expérimenter avec les drogues, sa curiosité l'amènerait à finir dans ce « zoo » ! Je n'oublierai jamais cette visite.

C'est ce même genre de curiosité qui amena le fils prodigue hors de la maison de son père, à manger avec les porcs. Qu'est-ce que le fils prodigue n'aurait pas pu avoir chez lui ? Il admit que les serviteurs de son propre père avaient plus qu'assez à manger. Il était juste curieux de ce qui se passait ailleurs.

Vous remarquerez des hommes avec de très belles et charmantes épouses, qui pourtant courent après d'autres femmes.

Certains de ces hommes sont tout simplement curieux. Ils pensent qu'il y a plus à découvrir.

Il n'y a rien de nouveau sous le soleil. Il n'y a rien de nouveau à voir. La curiosité a tué celui qui rétrograde !

Le murmure

Le symptôme suivant de rétrogradation est le murmure.

Faites toutes choses sans murmures et sans disputes :

Philippiens 2 :14

Murmurer veut dire se plaindre, grogner, marmonner et critiquer. Il y a des chrétiens qui murmurent à la maison, au travail et à l'église. Dieu est contre ceux qui murmurent. Il fut particulièrement mécontent de la population d'Israël quand ils murmurèrent contre Lui et Moïse. Certains se plaignirent et maugréèrent tellement qu'ils ne parvinrent jamais à la Terre Promise.

Ceux qui murmurent et se plaignent ne parviennent jamais à la Terre promise. **D'après mon expérience, ceux qui murmurent et se plaignent quittent souvent leur église et finissent par rétrograder.**

Lorsque vous vous plaignez d'une personne, il est probable que vous êtes en colère contre elle ou que vous ne l'aimez plus. Ceux qui se plaignent de leur gouvernement sont souvent en colère contre leur gouvernement. De la même façon, ceux qui murmurent contre l'église sont souvent en colère contre Dieu et sont prêts à Le quitter.

Faites attention à ceux qui murmurent et se plaignent, parce ce sont des déserteurs potentiels du navire.

L'approbation et l'admiration du mal ou des malfaiteurs

Le symptôme suivant très important est « l'approbation et l'admiration des malfaiteurs ». Habituellement, les gens sont attirés par une chose avant de la suivre. De la même manière, si vous approuvez quelqu'un qui fait quelque chose de mal, alors vous êtes susceptible de vouloir faire la même chose vous-même.

Dieu attend des chrétiens qu'ils désapprouvent le mal. Bien que Saül fut le père de Jonathan, Jonathan reconnut que le Roi, son père, avait tort d'essayer de tuer David. David n'avait rien fait de mal, mais par jalousie, Saül essayait de le tuer.

Jonathan se désolidarisa de ce que son père faisait et s'associa au bien, qui était David. C'est ce qu'un vrai chrétien doit faire. Vous ne devez pas approuver ce qui est mal. Vous devez faire preuve d'audace et dire : « Ceci est mal, et cela est juste ! Et je soutiens ce qui est juste ».

Malheur à ceux qui appellent le mal bien...

Ésaïe 5 :20

Vous devenez ce que vous admirez

Par expérience, j'ai remarqué que si vous louez le mal, un jour vous commettrez aussi le même mal. Si quelqu'un est rebelle et vous approuvez cette personne, il se peut qu'un jour vous deveniez aussi rebelle. Je guette ceux qui ne condamnent pas le mal autour d'eux. Le chrétien ne devrait jamais approuver le mal.

...En quoi l'avons-nous lassé ? Quand vous dites : Quiconque fait le mal est bon...

Malachie 2 :17

Méfiez-vous des chrétiens qui ne désapprouvent pas le mal ; ils pensent probablement faire la même chose un jour.

Mauvais réflexes d'adaptation

...Comment chanterions-nous le cantique du SEIGNEUR, dans une terre étrangère ?

Psaume 137 :4

Les fils d'Israël suspendirent leurs harpes aux saules quand ils découvrirent leur nouvelle situation. Ils remballèrent leurs instruments de louange parce qu'ils avaient été déportés en captivité.

Adaptez-vous rapidement à votre nouvelle situation

Les chrétiens qui ont du mal à s'adapter à leurs nouvelles situations rétrogradent souvent dans leur marche avec Dieu. Ils ne peuvent pas s'adapter à leur nouveau rôle d'épouse, de mari, de mère, de père et ainsi de suite. Ils sont tout simplement incapables de s'adapter à leur nouvel emploi, à leur nouveau mari, leur nouvelle femme, leur nouveau bébé et ainsi de suite.

Parfois, quand un chrétien déménage dans une autre ville, de chrétien solide et dynamique il devient froid et indifférent. Il ne peut pas s'adapter à son nouvel environnement.

Pourquoi devriez-vous tourner le dos à Dieu à cause de votre nouvelle situation ? Levez-vous au nom de Jésus ! Vous vouliez tellement avoir une femme, un mari et un emploi.

Maintenant que vous l'avez, adaptez-vous rapidement à votre nouvelle situation, et ne rétrogradez pas.

Vous pouvez chanter le cantique du Seigneur

Le SEIGNEUR est ma vigueur et mon cantique ; et il est devenu mon salut.

Psaume 118 :14

Notez la relation entre « ma vigueur » , « mon cantique » et « mon salut ».

Vous ne pouvez pas séparer votre cantique de votre vigueur. Vous ne pouvez pas non plus séparer votre vigueur de votre salut. Ils vont de pair. Vous devez chanter le cantique du Seigneur quoi que vous fassiez et où que vous vous trouviez.

Cher ami, même si vous êtes marié à quelqu'un de non-croyant, n'abandonnez pas votre marche avec le Seigneur.

Le mariage peut affecter votre onction

J'ai entendu un jour un pasteur célibataire être mis au défi. On lui dit : « Si vous êtes encore oint après vous être marié, alors vous êtes réellement appelé par Dieu ». Le message était clair ! Vous aurez un grand travail d'adaptation à faire après votre mariage, sinon vous rétrograderez !

…mais si tu te maries… tu auras des AFFLICTIONS dans la chair…

1 Corinthiens 7 :28

Rien ne vient à bas prix. Il me fut extrêmement difficile de devenir médecin en même temps que pasteur. Lorsque vous devenez médecin, votre vie change. Votre vie devient totalement impliquée dans l'état de vos patients. Mais je dus m'adapter rapidement à ma nouvelle situation pour pouvoir poursuivre le ministère. Vous ne pouvez pas mettre le Seigneur de côté simplement parce que vous vous êtes rendu dans un autre pays ou dans une autre école.

Le chrétien qui ne peut s'adapter rapidement à ses nouvelles situations est susceptible de rétrograder. Vous devez vous adapter pour rester en vie !

Apprenez à identifier ces choses. Ne soyez pas ignorant au sujet des ruses du diable. Pourquoi abandonner le Seigneur maintenant que vous Le connaissez ?

Dieu a de grands projets pour vous, il n'y a aucun doute à ce sujet. Il a l'intention de vous bénir, de vous faire prospérer et grandir dans cette vie. Souvenez-vous cependant que de telles bénédictions n'ont pas pour but de vous éloigner de Dieu, mais d'établir votre foi et votre confiance en Lui.

Ne laissez pas les situations nouvelles auxquelles vos bénédictions peuvent vous conduire, vous amener à rétrograder.

Développez de l'endurance !

Chapitre 8

Mon dernier argument

Ceci est mon dernier argument contre la rétrogradation. Dans ce chapitre, vous pourrez voir très concrètement la folie de la rétrogradation. Vous entendrez les témoignages de vrais chrétiens qui ont atteint le but. Vous pourrez également entendre les dernières déclarations d'âmes perdues et d'âmes qui ont rétrogradé, et ce qu'elles ont dit alors qu'elles s'approchaient des portes de l'Enfer. Vous verrez que la rétrogradation est vraiment terrible.

Dans notre marche avec Dieu, il y a une certaine ligne que nous ne devons pas franchir. Il y a un point de non retour. J'ai entendu des croyants dire qu'ils vont rétrograder, mais qu'ils retourneront vers le Seigneur après un certain temps. Ils oublient qu'il peut y avoir un point de non retour.

Le point de non retour

Nous nous tiendrons tous en présence de Dieu pour rendre compte de notre vie. Lorsque ce moment arrivera et que vous serez introduit en présence de Dieu, que direz-vous ?

Serez-vous prêt ? Aurez-vous fait ce que Dieu voulait que vous fassiez ?

Un frère chrétien était en train de forniquer quand il entendit un vacarme. Il crut que c'était le son de la trompette annonçant le retour du Christ. Il sauta alors du lit, mais ne fut pas emporté vers le ciel. Il était très inquiet, parce qu'il pensait qu'il avait été laissé de côté au moment de la parousie. Ce chrétien inquiet réagit excessivement au klaxon d'un gros autobus. Celui qui rétrograde vit dans la peur et l'incertitude.

Dieu veut raisonner avec vous

Venez maintenant et RAISONNONS ensemble...

Ésaïe 1 :18

Dieu est un Être rationnel, et Il veut raisonner avec vous.

Beaucoup de gens pensent que lorsque vous avez affaire au spirituel, vous devez mettre de côté toute raison et cesser de penser rationnellement. Mais la Bible rapporte que Dieu veut que nous raisonnions avec Lui. Si Dieu vous dit de raisonner, alors ce doit être un Dieu qui pense de manière logique et séquentielle !

Je vais raisonner avec vous et discuter avec vous au sujet de la rétrogradation. Vous pourriez appeler cela : *« Arguments pour et contre la rétrogradation ».*

Je vais vous montrer des gens qui étaient *heureux et pleins de joie* quand ils sont entrés dans le repos de Dieu. Ce sont des chrétiens qui ont servi le Seigneur et ne L'ont pas abandonné.

D'un autre côté, je vais vous montrer ce que des mourants qui avaient rétrogradé ont dit en quittant cette terre. Ces témoignages seuls devraient vous faire décider de ne jamais, jamais, jamais rétrograder.

Les saints

Premièrement, je veux vous faire remarquer ce que les saints de la Bible dirent quand ils passèrent de ce monde à l'autre.

L'apôtre Paul

L'apôtre Paul était en prison quand il sut que le temps de sa mort était proche. Il dit : **« Pour moi...ourir est un gain ».** En d'autres termes, il était heureux de mourir. Combien de gens sont heureux de mourir ? Si vous êtes sûrs de votre relation avec Dieu, vous n'aurez pas peur de la mort.

Jacob

Dans Genèse 49 :33, lorsque le **patriarche Jacob** était mourant, la Bible déclare qu'**après avoir donné ses commandements à ses fils, « ...Il mit ses pieds dans le lit, et rendit l'esprit... »**

Quelle façon remarquable de partir ! Il savait qu'il partait. Il eut le temps d'instruire ses enfants en toute confiance. Après avoir donné ses commandements à ses fils, il mit ses pieds dans le lit et mourut. Vous voyez, la mort des justes est très différente de la mort des méchants. Balaam le prophète dit :

...Laisse moi mourir de la mort des hommes droits...

Nombres 23 :10

Étudions maintenant comment des gens ordinaires, après avoir vécu une vie sans rétrogradation, partirent avec joie pour être avec le Seigneur.

Ignace

Ignace vécut en 100 apr. J.-C. Il fut évêque d'Antioche et disciple personnel de Jean l'Apôtre. Il fut condamné à mort, et alors qu'il était mourant, ses dernières paroles furent : **« Je te rends grâce, ô Dieu, de m'avoir honoré de ta Parole, que Dieu soit loué ! »**

Telles furent les dernières paroles d'un homme condamné à mourir sur le bûcher. D'autres auraient crié, déféqué et bavé. Mais cet homme mourut en louant Dieu !

Père Polycarpe

Père Polycarpe, un autre disciple de Jean, vécut au temps du règne de l'empereur Néron. Il fut également condamné à mort. On l'emmena au tribunal, et là, on lui donna le choix entre dénoncer Jésus et être brûlé vif. Polycarpe souffrit beaucoup pour l'amour du Christ. Le proconsul romain lui ordonna de prêter serment d'allégeance à César, en disant : « Jure, et je te rendrai la liberté ; renie le Christ ». Comme la réponse de Polycarpe fut courageuse et magnifique !

Il dit : « **Cela fait maintenant quatre-vingt-six ans que je sers le Christ, et Il ne m'a jamais fait le moindre tort. Comment puis-je alors blasphémer mon Roi et mon Sauveur ?** »

Des efforts supplémentaires pour le faire renier son Seigneur échouèrent, et Polycarpe fut condamné à être brûlé sur le bûcher. Lorsque le jour vint pour lui d'être brûlé vif, ceux qui étaient chargés de le brûler voulaient le clouer au bûcher, mais il protesta : « **Laissez-moi comme je suis : car Celui qui m'a donné la force d'endurer le feu me permettra également de me tenir sur le tas sans bouger, sans que vous ayez besoin de me clouer** ».

Il s'écria enfin : « **Oh ! Seigneur, Père de Jésus Christ ton Fils Bien-aimé. Je te rends grâce de m'avoir réservé une place parmi les martyrs** ».

Augustus Montague Toplady

Augustus Montague Toplady (1710-1778) sera toujours célèbre en tant qu'auteur de l'un des hymnes les plus évangéliques du dix-huitième siècle, « *Rock of Ages* », publié pour la première fois en 1776. Au cours de sa dernière maladie, Toplady fut fortement soutenu par les consolations de l'Évangile.

Approchant sa fin, se réveillant d'un sommeil, il dit :

« **Oh, quels délices ! Qui peut mesurer la joie du troisième Ciel ? Le ciel est clair, il n'y a pas de nuages. Viens, Seigneur Jésus, viens vite !** »

Il mourut en disant : « **Aucun mortel ne peut vivre après la gloire que Dieu a manifestée à mon âme** ».

Et sur ces mots il partit pour être avec le Seigneur.

William Shakespeare

William Shakespeare (1564-1616), cette remarquable figure mondiale de la littérature, dont la vie, le temps et les œuvres furent le sujet de toute une bibliothèque de livres, vécut près de sa Bible, comme le prouvent les nombreuses citations qu'il fit à ce propos dans ses pièces et ses drames.

Un homme célèbre qui connaissait le Seigneur

Sa fin vint alors qu'il n'avait que 52 ans. Son testament, qui fut écrit l'année de sa mort, révéla sa foi en Dieu.

« Je remets mon âme entre les mains de Dieu mon créateur, espérant et croyant avec assurance, par les seuls mérites de Jésus Christ mon Sauveur, je partagerai la vie éternelle, et mon corps à la terre, dont il est fait ».

Matthew Henry

Matthew Henry (1662-1714) fut l'éminent théologien non-conformiste qui donna à l'Église le commentaire dévotionnel qui tint une place de premier plan dans ce domaine. Il mourut une semaine après son installation à Londres en tant que pasteur d'une église à Hackney, mais sa fin fut pleine de confiance dans la grâce du Sauveur.

Ses dernières paroles furent : **« Une vie passée au service de Dieu, et en communion avec Lui, c'est la vie la plus confortable que n'importe qui peut mener dans ce monde présent »**.

John Wesley

John Wesley, le fondateur de la grande Église méthodiste, dit : **« Le meilleur de tout est : Dieu est avec nous »**. J'aime vraiment les dernières paroles de ce grand fondateur.

John Wesley, dont il a été dit que seule l'éternité révélera ce que le monde doit à son puissant ministère, fut actif jusqu'à la fin. Jusqu'à la fin, il fut plein de louange, de conseils et d'exhortations.

Le grand fondateur meurt en paix

Dans ses derniers moments, avec ce qui lui restait de force, il s'écria à deux reprises, en un saint triomphe :

« **Le meilleur de tout est : Dieu est avec nous** ».

Le dernier mot que l'on entendit Wesley articuler fut : « **Adieu !** »

Puis, sans gémissement persistant, l'évangéliste qui alla par monts et par vaux, pasteur bien-aimé de milliers, et père de la grande Église méthodiste, entra dans la joie de son Seigneur.

Notez à nouveau : pour un chrétien confiant, la mort fut une transition paisible d'un monde à l'autre !

Adoniram Judson

Adoniram Judson fut missionnaire en Afrique. En fait, il fut le premier missionnaire américain en Afrique. Il alla en Birmanie, écrivit et traduisit la Bible en langue birmane.

Le départ du premier missionnaire américain de l'Afrique

Il écrivit également un dictionnaire pour eux. Quand il était mourant, il dit : « **Personne n'a jamais quitté ce monde avec de plus vifs espoirs ou de plus chaleureux sentiments** ».

« N'ayez pas peur, la mort ne me surprendra pas. En dépit de ce que je dis, je me sens si fort en lui ».

Voici un homme qui avait de la force quand la plupart des gens sont faibles. Prions tous pour une telle force, que nous puissions tous l'emporter jusqu'à la fin.

Charles Bridgman

Charles Bridgman mourut à l'âge de douze ans. Enfant, il aimait lire sa Bible et désirait la connaissance spirituelle. Le jeune Charles réprimandait souvent ses frères s'ils oubliaient de rendre grâce à Dieu au moment des repas. Quand il tomba malade, on lui demanda s'il préférait vivre ou mourir, et il répondit : « Je désire mourir pour aller vers mon Sauveur ».

La force d'un petit garçon

Alors que sa fin approchait, ses dernières paroles furent : « **...Entre tes mains je remets mon âme ! Fermez-moi maintenant les yeux. Pardonnez-moi, mon père, ma mère, mon frère, ma sœur et tout le monde ! Maintenant je vais bien, ma douleur a presque disparu, ma joie est à portée de main. Seigneur, aie pitié de moi. Ô Seigneur, reçois mon âme.** » Combien de jeunes garçons d'aujourd'hui parleraient de la façon dont ce jeune homme a parlé ?

Robert Bruce

Robert Bruce, l'un des hommes les plus distingués de son temps, embrassa le ministère et devint célèbre à Édimbourg. Respectant scrupuleusement les normes établies de l'église, il s'exposa à de grandes persécutions pour l'amour de la vérité.

Au moment de sa mort, il demanda à ce qu'on lui apporte la Bible de la famille et dit à sa fille :

« **Ouvre-moi le huitième chapitre des Romains, et mets mon doigt sur ces mots : 'Je suis persuadé que NI MORT, NI VIE...NE POURRA ME SÉPARER de l'amour de Dieu qui est en Christ Jésus notre Seigneur'** ».

Puis Bruce dit : « **Est-ce que mon doigt est sur ces mots ?** »

« Oui », dit sa fille. Puis il reprit :

« **Maintenant, que Dieu soit avec vous, mes enfants. Je viens de déjeuner avec vous, et je souperai avec mon Seigneur Jésus ce soir** ».

Comme ce doit être exaltant de savoir que vous êtes prêt ! Il ne peut y avoir aucune raison de rétrograder lorsque vous entendez ces témoignages passionnants.

Et beaucoup d'autres

Un autre chrétien mourant dit : « **Que cette pièce est lumineuse, comme elle est pleine d'anges !** »

Un autre chrétien déclara avec confiance : « **J'ai combattu le combat. J'ai combattu le combat, et j'ai remporté la victoire** ». Sur ces mots, il partit pour être avec le Seigneur.

Alexandre II, plein de foi divine, s'écria : « **Je passe par les portes, lavé dans le sang de l'Agneau** ».

Quelqu'un d'autre dit : « **Si seulement j'avais la force d'écrire, pour décrire comme il est agréable de mourir** ».

Un autre s'écria : « **Oh ! Si je pouvais dire quelle joie est en moi. Je suis plein d'enthousiasme, le Seigneur brille avec une telle force sur mon âme. Il est venu, Il est venu** ».

Un croyant survivant dit : « **Je serai bientôt avec Jésus. PEUT-ÊTRE SUIS-JE TROP IMPATIENT !** »

Est-il toujours doux de mourir ?

Une autre personne dit : « **IL EST DOUX DE MOURIR** ». Comment pourrez-vous dire : « Il est doux de mourir », lorsque vous avez rétrogradé et que vous savez que le jugement vous attend ?

Un frère chrétien demanda : « **Ceci peut-il être la mort ? Comment ? C'est mieux que de vivre. DITES LEUR QUE JE SUIS MORT EN JÉSUS AVEC JOIE** ».

Un autre dit : « **Ils chantent. Les anges chantent. EST-CE DONC CELA, LA MORT ? NON, C'EST UNE DOUCE VIE** ».

Quelqu'un qui rétrograda et eut de la chance, Oliver, docteur en philosophie, avait mené une vie d'infidèle. Mais peu de temps avant sa mort, il se repentit et se tourna vers le Sauveur.

Ses dernières paroles furent empreintes de profond regret : « Si seulement je pouvais défaire le mal que j'ai fait ! J'étais plus ardent à empoisonner les hommes de principes infidèles que tout chrétien à répandre la doctrine du Christ ».

Les pécheurs

Considérons maintenant ce que des gens qui avaient rétrogradé et des pécheurs dirent alors qu'ils étaient mourants. L'orgueil et la révolte de ces méchants n'arrangeaient pas les choses comme ils approchaient des portes de l'enfer et du jugement. Certaines de ces personnes étaient des chrétiens qui avaient rétrogradé. Ils moururent comme des âmes désespérément perdues, effrayées et hurlantes. La première personne que je veux que nous considérions dans cette catégorie est un homme du nom de Tom Paine.

Tom Paine

Tom Paine (1737-1809) fut considéré comme un géant de la littérature.

Il a écrit *Le siècle de la raison* et a vécu au cours des renouveaux de John Wesley et de George Whitfield. *Il a mené une vie contre Dieu et a éloigné des gens de Dieu.* Je crois que c'est l'une des personnes qui, par leur façon de penser, ont tant favorisé le développement de l'athéisme et des tendances anti-Christ en Europe. Une personne qui a assisté à sa mort a déclaré : « Il est vraiment à plaindre ».

Bien qu'il ne croyait pas en Dieu, sur son lit de mort, il dit : **« Je donnerais des mondes, si je les avais, pour que mon Siècle de la raison ne soit pas publié. Oh ! Seigneur, aidez-moi. Oh ! Dieu, qu'ai-je fait pour souffrir autant ? »** Puis après cela, il dit : **« Mais il n'y a pas de Dieu. Et pourtant, s'il y a un Dieu, que vais-je devenir dans le monde à venir ? Si jamais le diable a eu un agent, c'était moi ».**

Il avait peur de mourir

Quand une femme âgée qui s'occupait de lui voulut quitter la chambre, il dit : **« Restez avec moi. Pour l'amour de Dieu,** je ne peux pas supporter de rester seul. Car c'est l'enfer que d'être seul ».

Les tout derniers mots de Tom Paine furent : « **Mon Dieu, mon Dieu, pourquoi m'avez-vous abandonné ?** » Et sur ces mots, il mourut. C'est la mort d'un méchant. Totalement impuissant et désespéré en présence d'un Dieu juste !

Voltaire

À chaque fois que je vais à Genève, je passe par Ferney-Voltaire, un petit village français du nom d'un infidèle notoire : *Voltaire (1694-1778).* Une nuit, je conduisis avec le pasteur de mon église à Genève pour aller voir la statue de cet homme.

J'ai vu tous les hommages rendus à son nom et toutes les bonnes œuvres qu'il est censé avoir faites pour la communauté. Mais cet homme mena aussi une vie de lutte contre le christianisme.

L'homme qui maudit Christ

Remarquez ce que cet infidèle français notoire dit au sujet de Christ, notre Sauveur : « **Maudit soit le misérable !** » Comment pouvez-vous rassembler suffisamment d'assurance pour maudire Christ et l'appeler un misérable ?

Il se vanta un jour : « **Dans vingt ans, le christianisme ne sera plus. À elle seule, ma main détruira l'édifice qui nécessita douze apôtres pour être érigé** ».

Tels sont les gens qui jetèrent les bases de l'athéisme qui est désormais tellement répandu en Europe.

Peu de temps après sa mort, la maison même où il imprima sa littérature immonde devint le dépôt de la Société Biblique de Genève. L'infirmière qui s'occupait de Voltaire a dit : « **Pour toute la richesse de l'Europe, je ne voudrais pas voir un autre infidèle mourir** ».

Il était impuissant et désespéré sur son lit de mort

Trochim, le médecin qui était avec Voltaire à sa mort, dit qu'il criait *désespérément* :

« **Je suis abandonné de Dieu et des hommes ! Je vous donnerai la moitié de ce que je vaux, si vous me donnez six mois de plus à vivre. Puis j'irai en enfer, et vous y irez avec moi. Ô Christ ! Ô Jésus Christ !** »

Notez le désespoir et l'impuissance de ce blasphémateur alors qu'il descendait dans l'abîme. Lui-même admit qu'il était en route vers l'enfer.

Mes chers amis chrétiens, ne nous trompons pas quant à la réalité du Ciel et de l'enfer.

Thomas Hobbes

Thomas Hobbes (1588-1674) fut un philosophe politique anglais notoire, dont le plus célèbre ouvrage fut *Le Léviathan*.

Ce sceptique cultivé et intelligent corrompit beaucoup de grands hommes de son temps. Mais quel regret ne fut pas le sien au bout de la route ! Quel désespoir imprégna ses dernières paroles :

« **Si j'avais le monde entier, je le donnerais pour vivre une journée. Je suis sur le point de faire un saut dans le noir !** »

Voici la bonne nouvelle : les chrétiens ne font pas de sauts dans le noir ! Quand ils meurent, ils vont au Ciel !

Thomas Cromwell

Thomas Cromwell (1540), qui devint comte d'Essex, était l'homme d'état anglais le plus éminent en pouvoir et influence après le roi. Il fut chargé d'exhumer les os de Thomas Becket et de les brûler comme ceux d'un traître.

L'homme qui fut séduit

Ambitieux à l'extrême, Cromwell perdit son influence et aussi sa tête, car il fut exécuté. Les historiens nous disent qu'au moment de mourir, il dit dans un discours :

« LE DIABLE EST PRÊT À NOUS SÉDUIRE, ET J'AI ÉTÉ SÉDUIT, mais soyez témoins que je meurs dans la foi catholique ».

Remarquez comment les gens veulent être associés à Dieu à leur dernier moment. Cet homme insistait qu'il était dans la foi !

Thomas Cork

Thomas Cork cria avec angoisse alors qu'il mourait Il dit : **« Jusqu'à cet instant, j'ai pensé qu'il n'y avait ni Dieu ni diable. Mais maintenant je sais, et je sens que les deux existent »**. Il s'exclama : **« Je suis condamné au jugement par le jugement du Tout-Puissant ».**

Robert Green Ingersoll

Il écrivit sur les erreurs de la Bible

Robert Green Ingersoll (1833-1899), célèbre avocat américain et agnostique de premier plan, donna des conférences sur *les inexactitudes et les contradictions de la Bible*. Sa conférence célèbre *Les erreurs de Moïse,* amena un défenseur de la Bible à dire qu'il aimerait entendre Moïse parler pendant cinq minutes sur les erreurs d'Ingersoll !

Ai-je une âme ?

Quand il arriva aux portes de l'enfer, il fut pétrifié de terreur et dit : **« OH DIEU, S'IL Y A UN DIEU, AYEZ PITIÉ DE MON ÂME – SI J'AI UNE ÂME ».**

Sir Francis Gilfort

Sir Francis Gilfort reçut très tôt dans sa vie un enseignement sur l'Évangile.

Le ministre potentiel qui rétrograda

Ce fut un chrétien qui rétrograda. En fait, on s'attendait à ce qu'il devienne ministre, **mais il tomba en mauvaise compagnie.** Au moment de plonger dans l'éternité, il dit :

« **D'où vient cette guerre en mon cœur ? Quels arguments ai-je pour m'aider dans les questions pratiques ? Dois-je dire qu'il n'y a pas d'enfer quand j'en sens un dans mon sein ?**

OUI, SUIS-JE CERTAIN QU'IL N'Y A PAS DE JUGEMENT QUAND JE SENS LE JUGEMENT PRÉSENT ? Oh, malheureux que je suis. Où fuirais-je tout cela ?

Qu'il y a un Dieu, je le sais, car je sens continuellement Sa colère. Qu'il y a un enfer, j'en suis sûr et certain.

Oh ! Si je pouvais me coucher sur le feu qui ne s'éteint pas pendant mille ans, pour acheter la faveur de Dieu et retourner vers Lui. Mais c'est un vœu stérile.

Des millions et des millions d'années ne me rapprocheraient pas de la fin de mon tourment. Éternité, éternité ! »

Voulez-vous que quelqu'un prie pour vous ?

Alors que la détresse de cet homme augmentait, on lui demanda s'il voulait que des gens soient invités à prier pour lui. Il répondit : « **Tigres et monstres, êtes-vous des diables pour venir me tourmenter ? Voulez-vous me faire entrevoir le Ciel afin de rendre mon enfer plus insupportable ?** »

Puis il dit : « Oh ! les insupportables douleurs de la mort ». Et sur ce, il mourut. Comme c'est effrayant !

William Pope

William Pope était un chrétien né de nouveau, et il connaissait l'amour de Dieu. Mais il rétrograda lorsque sa femme mourut, et il suivit Tom Paine. Peu de temps après sa rétrogradation, il contracta la tuberculose, que l'on appelait à l'époque la Consomption.

On dit de lui qu'il dirigea une société d'infidèles qui ridiculisaient tout ce qui était religieux.

Ils donnèrent des coups de pieds dans la Bible et la déchirèrent en morceaux

C'était quelqu'un qui avait rétrogradé de façon classique, et dit quand il était mourant : « **Aucun cas n'est comparable au mien, je ne peux pas faire demi-tour, Dieu me damnera pour toujours** ».

L'une des activités à laquelle lui et ses amis s'adonnaient était de donner des coups de pied dans la Bible par terre ou de la déchirer en morceaux. Des amis qui étaient présents dans sa chambre mortuaire en parlèrent comme d'une scène de terreur.

Une effrayante scène de mort

Ses yeux roulaient çà et là alors qu'il était mourant sur son lit, et il leva les mains en s'écriant : « **Je n'ai aucune contrition. Je ne peux pas me repentir. Dieu me damnera. Je sais que le jour de la grâce est passé.... Vous voyez quelqu'un de maudit à jamais.... Oh, Éternité ! Éternité... . Rien pour moi que l'enfer. Venez, tourments éternels.... Ne voyez-vous pas ? Ne le voyez-vous pas ? Il vient pour moi. Oh ! la flamme brûlante, l'enfer, la douleur que je ressens. L'éternité vous expliquera mon tourment** ».

Et sur ces mots, il mourut.

Telles furent les dernières paroles de quelqu'un qui avait rétrogradé !

Cher ami chrétien, que dire d'autre ? Je vous ai montré les témoignages de vie réelle de personnes réelles tout comme vous. Si cela ne suffit pas pour vous faire croire et demeurer en Dieu, alors peut-être...

J'ai marchandé pour votre âme, partageant avec vous tout ce qu'un pasteur peut partager. Je vous ai montré pourquoi vous ne devriez pas rétrograder. Je vous ai montré les causes de la rétrogradation, les descriptions de la rétrogradation et les symptômes de la rétrogradation. Je vous ai montré comment les gens qui rétrogradent se comportent quand ils approchent des portes de l'éternité. D'un autre côté, je vous ai montré les adieux heureux de chrétiens qui ont persisté jusqu'à la fin.

Ma prière pour vous c'est que vous trouviez Christ et DEMEURIEZ en Lui. Car c'est sur Christ, le roc solide, que nous nous tenons. Amen !!

Les livres de Dag Heward-Mills

1. Loyauté et déloyauté
2. Loyauté et déloyauté - Ceux qui vous accuse
3. Loyauté et déloyauté - Ceux qui sont des fils dangereux
4. Loyauté et déloyauté - Ceux qui sont ignorant
5. Loyauté et déloyauté - Ceux qui oublient
6. Loyauté et déloyauté - Ceux qui vous quittent
7. Loyauté et déloyauté - Ceux qui prétendent
8. La croissance de l'Eglise
9. L'implantation de l'Eglise
10. La méga église (2ème Edition)
11. Recevoir l'onction
12. Etapes menant à l'onction
13. Les douces influences de l'onction
14. Amplifiez votre ministère par les miracles et les manifestations du Saint Esprit
15. Transformer votre ministère pastoral
16. L'art d'être berger
17. L'art de leadership (3ème Edition)
18. L'art de suivre
19. L'art de ministère
20. L'art d'entendre (2ème Edition)
21. Perdre, Souffrir, Sacrifier et Mourir
22. Ce que signifie devenir berger
23. Les dix principales erreurs que font les pasteurs
24. Car on donnera à celui qui a et à celui qui n'a pas on ôtera même ce qu'il a
25. Pourquoi les chrétiens qui ne paient pas la dime deviennent pauvres et comment les chrétiens qui paient la dime peuvent devenir riches.
26. La puissance du sang
27. Anagkazo
28. Dites-leur
29. Comment naître de nouveau et éviter l'enfer
30. Nombreux sont appelés
31. Dangers spirituels
32. La Rétrogradation
33. Nommez-le! Réclamez-le ! Prenez-le !
34. Les démons et comment les affronter
35. Comment prier
36. Formule pour l'humilité
37. Ma fille, tu peux y arriver
38. Comprendre le temps de recueillement
39. Ethique ministérielle (2ème Edition)
40. Laikos

Obtenez votre copie en ligne aujourd'hui à www.daghewardmills.fr

Facebook: Dag Heward-Mills
Twitter: EvangelistDag

www.ingramcontent.com/pod-product-compliance
Lightning Source LLC
Chambersburg PA
CBHW060357050426
42449CB00009B/1771